गाथा कुरुक्षेत्र की

गाथा कुरुक्षेत्र की

लेखक

मनोहर श्याम जोशी

सम्पादक

भूपेन्द्र अबोध

वाणी प्रकाशन

प्रकाशन के उत्कृष्टतम 62 वर्ष

सजिल्द पहला संस्करण : 2008
सजिल्द दूसरा संस्करण : 2010
सजिल्द तीसरा संस्करण : 2025

vaniprakashan.com

वाणी प्रकाशन

4695, 21-ए, दरियागंज, नयी दिल्ली-110 002

फ़ोन : + 91 11 23273167, 23275710

शाखाएँ

अशोक राजपथ, पटना-800 004, बिहार

कॉफ़ी हाउस कैम्पस, महात्मा गांधी मार्ग, प्रयागराज-211 001, उत्तर प्रदेश

महात्मा गांधी अन्तरराष्ट्रीय हिन्दी विश्वविद्यालय, वर्धा-442 001, महाराष्ट्र

sales@vaniprakashan.in
vaniprakashan@gmail.com

Gatha Kurukshetra Ki
by Manohar Shyam Joshi
Edited by Bhoopendra Abodh

ISBN : 978-81-8143-843-0
Play / Poetry

मूल्य : ₹ 295

जी.एस. ऑफ़सेट, दिल्ली-110 095 में मुद्रित

वाणी प्रकाशन का लोगो मक़बूल फ़िदा हुसैन की कूची से

पाठ और पुनःपाठ

सहसा यह विश्वास नहीं होता कि मनोहर श्याम जोशी उर्फ मश्जो जिनकी ख्याति एक उत्तर-आधुनिकतावादी विमर्शकार, मीडिया मैन, उपद्रवी कथाकार और विध्वंसक व्यंग्य लेखक की रही है; वे महाभारत-गीता पर मुग्ध होकर 'गाथा कुरुक्षेत्र की' जैसे काव्य-नाटक (पोयटिक ड्रामा) का सृजन करेंगे। मश्जो का उद्देश्य महाभारत-गीता को अपने कथ्य में दुहराना नहीं है केवल नयी पीढ़ी को उत्तर-औपनिवेशिक दृष्टि की प्रेरणा से भर देना है। प्रश्न उठता है कि यह प्रेरणा काव्य से—काव्य-नाटक से—क्यों रागदीप्त होकर व्यंजित हुई? इस प्रश्न का उत्तर सरल नहीं है। लेकिन मश्जो की मनोभूमिका के भाष्य से उसे इस तरह 'जाना-समझा' जा सकता है कि उनके लेखन का आरंभ कविता से हुआ था निर्मल वर्मा, रघुवीर सहाय, देवेन्द्र इस्सर की तरह। उन्होंने दिल्ली की नामी-गिरामी साहित्यिक संस्था 'दिल्ली कल्चरल फोरम' 1952-53 में हिस्सेदारी करते हुए अपनी कविताओं को छपाया भी। इसी कवि कर्म के दौर से 'गाथा कुरुक्षेत्र की' जैसी कलाकृति का सृजन हुआ। यह अलग विषय है कि मश्ज़ो कविता को छोड़कर निर्मल वर्मा की तरह गद्य-विधाओं के नए प्रयोग की ओर मुड़ गए। यहाँ नए का अर्थ है—नए ढंग की फार्म, कथ्य चेतना तथा अनुभव-दृष्टि। यह नई अनुभव-दृष्टि पुरानी फार्म व्यवस्थाओं, विश्वासों, संरचनाओं, प्रतिबद्धताओं को 'डिस्टर्व' करती है। नए विचारों की चुनौतियों ने मश्जो को ऐसा झिंझोड़ा कि वे अकाल्पनिक गद्य के नए प्रयोगों की ओर मुड़ गए। क्यों मुड़ गए? इसका एक अनुमानित उत्तर तो यही हो सकता है कि उनके समय-समाज-संस्कृति की चेतना ने पद्य से ज्यादा गद्य में अभिव्यक्ति की तलाश की। मश्जो ने गद्य में 'पश्चिमी आधुनिकता के संकट' से निबटने की तैयारी की और अपनी मनोभूमिका में अरबिंद, विवेकानंद, तिलक और गाँधी को धारण किया। साहित्य में इस मनोभूमिका की प्रेरणा उन्हें आचार्य रामचंद्र शुक्ल, हजारी प्रसाद द्विवेदी, निराला और अज्ञेय से मिली। इस प्रेरणा का काव्यात्मक विस्फोट 'गाथा कुरुक्षेत्र की' जैसी कलाकृति में हुआ। आधुनिक भारतीय सांस्कृतिक नवजागरण की प्रेरणा मश्जो को महाभारत-गीता की ओर ले गयी। इसी काव्यात्मक-कथ्यात्मक प्रेरणा ने यहाँ

रूपाकार ग्रहण किया है।

मनोहर श्याम जोशी के पास महाभारत-गीता का एक अवधारणात्मक ढाँचा है, स्मृति है, परंपरा है, इतिहास है, मिथक चेतना है, संस्कृति का स्वप्न है। और यह स्वप्न आजादी के बाद के लुटे-पिटे समय के मोहभंग में भी शक्ति देता है। डिप्रेशन से बचाता है। अकेलेपन, आत्मनिर्वासन, श्रम के परायेपन की पीड़ा से मुक्ति देता है। इसी संदर्भ से 'महाभारत-गीता' एक विराट सांस्कृतिक प्रतीक है, जिसका हर पीढ़ी एक नया सामाजिक-राजनीतिक-सांस्कृतिक 'डिस्कोर्स' प्रस्तुत करती रही है। गीता का पूरा जीवन-संदेश बनी बनायी दृष्टि से विचलन है। इसलिए मश्जो के चिंतन में गीता केवल 'हिंदू-धर्म' का सिद्धांत या भाष्य भर नहीं है। यही कारण है कि भारत के हर बड़े व्याख्याता, चिंतक, दार्शनिक, समाज-सुधारक, युग-प्रवर्त्तक, राजनीति के नेता ने गीता को अपने भीतर पुनः पुनः लिखा है। गीता के 'पाठ' का 'पुनःपाठ' किया है। चाहे वे बाल गंगाधर तिलक हों या गाँधी जी। तिलक के बाद अनासक्ति योग के नाम से गीता की एक व्याख्या ही गाँधी ने लिखी है। और यह मानकर लिखी है कि गीता में श्रीकृष्ण ने बछड़ा बनकर उपनिषदरूपी गायों की थनों में जितना दूध था वह सब पी लिया है और फिर उसे नए रूप में पुनः मानव को वापस कर दिया है। मनोहर श्याम जोशी ने परंपरा के इस अमृत विश्वास को 'गाथा कुरुक्षेत्र की' के चतुर्थ सर्ग में कृष्ण द्वैपायन वेदव्यास के द्वारा इस प्रकार 'अर्थ की उपस्थिति' से व्यंजित किया है। वेद व्यास ने कहा है—'उपनिषद् हैं धेनु/ग्वाले कृष्ण हैं/अमृत दुग्ध है गीता/जिसको पिलाकर प्रभु ने किया/मोहमुक्त अर्जुन को, (पृ. 19) मश्जो ने यह सच नहीं छिपाया है कि उपनिषद् वेद से निकले हैं और गीता उपनिषदों से। गीता से कर्म, भक्ति और मुक्ति के चिंतन-भंडार इस देश में नई निष्पत्तियों के साथ अंकुरित और पल्लवित-फलित होकर भरे रहे हैं। वैदिक, औपनिषदिक, बौद्ध और जैन इन चारों प्रबल मतवादों के बीच विचारों की जो रगड़ रही, संघर्ष हुआ है उसने अंत में गीता-ज्ञान या गीता-सत्य का रूप धारण कर लिया। यहाँ चारों मतवादों का निचुड़ा-निथुरा सत्य ही गीता का ज्ञान है। यही ज्ञान 'गाथा कुरुक्षेत्र की' की विचार-भूमि है—अन्यथा महाभारत को दुहराना मनोहर श्याम जोशी का यहाँ उद्देश्य नहीं है। उनका उद्देश्य है स्वाधीनता प्राप्ति के बाद के भारत में 'गीता-महाभारत' को 'डि-कन्स्ट्रक्ट' करना—उसको नए भाष्य में इंटरप्रेट करना। ताकि नयी पीढ़ी अन्याय, अपमान, शोषण के विरुद्ध कमर कसने का अरमान रख सके। वह पश्चिमी आधुनिकता की सत्यानाशी मार से आत्मधिकार की शिकार हो आत्मविश्वास से रिक्त न हो जाएँ। इस तरह मनोहर श्याम जोशी ने इस कलाकृति में एक बड़ा उदात्त महिमामय जातीय स्मृति से संपन्न कवि-स्वप्न देखा है। कभी रामधारी सिंह दिनकर

ने 'कुरुक्षेत्र' जैसा विचारपरक प्रबंध लिखकर भी ऐसा ही सपना देखा था। कहना होगा कि मश्जो का कवि स्वप्न, दिनकर के कवि स्वप्न का विरोधी होकर उसका ही विस्तार है—परंपरा की गौरवपूर्ण गूँज अनुगूँज के साथ। यही अनुगूँज भारतीय सामूहिक अवचेतन की जातीय स्मृति में बसी है।

भारतीय जातीय-स्मृति की गौरवमयी ध्वनि का नाम है महाभारत-गीता। इसी सच को आचार्य हजारी प्रसाद द्विवेदी के शब्दों में सुना जा सकता है। आचार्य द्विवेदी जी ने 'महाभारत' को 'उज्ज्वल चरित्रों का वन' घोषित करते हुए लिखा है— ' 'महाभारत' को उज्ज्वल चरित्रों का वन कहा जा सकता है। वह कवि-रूपी माली का यत्नपूर्वक सँवारा उद्यान नहीं है जिसके प्रत्येक लता-पुष्प-वृक्ष अपने सौंदर्य के लिए बाहरी सहायता की अपेक्षा रखते हैं, बल्कि यह अपने आप की जीवनी-शक्ति से परिपूर्ण वनस्पतियों और लताओं का अयत्न परिवर्तित विशाल वन है जो अपनी उपमा आप ही है। मूल कथानक में जितने भी चरित्र हैं वे अपने आप में पूर्ण हैं। भीष्म जैसा तेजस्वी और ज्ञानी, कर्ण जैसा गंभीर और वदान्य, द्रोण जैसा योद्धा, कुंती और द्रौपदी जैसी तेजोदृप्त नारियाँ, गांधारी जैसी पतिपरायण, श्रीकृष्ण जैसा उपस्थित बुद्धि और गंभीर तत्त्वदर्शी, युधिष्ठिर जैसा सत्यपरायण, भीम जैसा मस्तमौला, अर्जुन जैसा वीर, विदुर जैसा नीतिज्ञ चरित्र अन्यत्र दुर्लभ है।' हिंदी साहित्य की भूमिका, पृ. 142 यहाँ मश्जो ने भी 'गाथा कुरुक्षेत्र की' में महाभारत के इन सभी चरित्रों को उनकी संपूर्ण उज्ज्वलता से प्रस्तुत कर दिया है। चरित्रों के इस 'पाठ' या टैक्स्ट में अनेक अर्थों की अंतर्ध्वनियाँ हैं और उनका अंतर्ध्वनित सत्य है अन्याय के विरोध में अर्जुन की तरह गांडीव उठाना, अन्यायी को ध्वस्त करना।

'गाथा कुरुक्षेत्र की' कलाकृति में प्रवेश करने पर पाठक पाता है कि मनोहर श्याम जोशी का मनुष्य इस कलाकृति में बाहर कम भीतर ज्यादा है। वे महाभारत-गीता के सत्य को अंतर्ध्वनित होते पकड़ना चाहते हैं। इसलिए इस अनुभूति की मनोभूमिका के सत्य में कोई विशाल खाई नहीं है—केवल युग की चिंताएँ हैं... युद्धजनित प्रश्नाकुलताएँ। नारायण श्रीकृष्ण से नर अर्जुन का संवाद। इस संवाद को एक नए संदर्भ में योगी अरबिंद ने 'भारतीय संस्कृति के आधार' पुस्तक में सूक्ष्म गहन विश्लेषण से प्रस्तुत किया है। इस विश्लेषण की धमक मश्जो की मनोभूमिका के व्यंजक शब्दों में सुनी जा सकती है। योगी अरबिंद को अहसास था कि पश्चिमी आधुनिकता से 'मानव-जगत में उथल-पुथल के बवंडर के परिणामस्वरूप परिवर्तन की अति प्रपंच आँधी आ रही है उसमें संभवतः प्राचीन भारत की संस्कृति (संश्लिष्ट संस्कृति) नष्ट-भ्रष्ट हो जाएगी; कारण, एक ओर से तो उस पर यूरोपीय आधुनिकतावाद के आक्रमण हो रहे हैं तथा भौतिक क्षेत्र में वह अभिभूत हो रही है और दूसरी ओर

भारत की संतति भी इस विषय में उदासीन रहकर इसके साथ विश्वासघात कर रही है; ऐसी दशा में यह आशंका है कि शायद यह सदा के लिए मटियामेट हो जाय और इसके साथ ही इसे सँजोकर रखने वाली राष्ट्र की आत्मा भी सदा के लिए नष्ट हो जाय।' (पृ. 4) इसी चिंता में गर्क मश्जो 'महाभारत-गीता' के संस्कृति मूल्य पर भरोसा व्यक्त करते हैं। काव्य-नाटक के 'मंगलाचरण' में व्यंजना का सत्य कह रहा है—'वेदव्यास : जहाँ सत्य है, जहाँ धर्म है/ईमानदारी, शर्म, विनय है,/वहाँ कृष्ण हैं/ और जहाँ कृष्ण हैं, वहीं विजय है' (पृ. 2) इसलिए 'महाभारत-गीता' सुनते ही चित्त उसमें डूब जाता है। भारतीय धर्मशास्त्र और अन्य शास्त्रीय दृष्टियाँ 'महाभारत' के इसी सत्य पर मुहर लगाती रही हैं कि जहाँ श्रीकृष्ण है वहीं विजय है। स्मृतियाँ, काव्य सब ये ही मानते रहे हैं। यहाँ तक कि पादाचार्य अभिनवगुप्त तक महाभारत के काव्यार्थ और काव्य-गठन की 'क्लोज रीडिंग' से गहन अर्थ-मीमांसा करते हैं।

दरअस्ल, महाभारत-गीता पर सामाजिक-राजनीतिक पक्षों से विचार, पुनर्विचार उन्नीसवीं शताब्दी में शुरू हुआ। एक खास तरह की साम्राज्यवादी चेतना का इसमें बड़ा हाथ रहा है। उसी समय रमेश चंद्र दत्त ने महाभारत का अंग्रेजी अनुवाद करके विश्व को चौंका दिया। उस पर रवींद्रनाथ टैगोर, चक्रवर्ती राजगोपालाचार्य, बालगंगाधर तिलक, चिंतामणि विनायक वैद्य, श्री अरबिंद, विवेकानंद, गाँधी जैसे महान विचारकों का ध्यान गया। महाभारत-गीता के आध्यात्मिक निरूपण पर बहुत कम लेकिन उसके सामाजिक-राजनीतिक चिंतन पर अधिक ध्यान केंद्रित हुआ। कृष्ण द्वैपायन वेदव्यास के 'महाभारत' पर अच्छी-खासी टीकाओं की परंपरा थी ही। श्री मन्मध्वाचार्य, सदानन्दगति, नीलकंठ शास्त्री, स्वामी करपात्रीजी, अखंडानंद जी महाराज, सुखथधाकर, श्रीपाद दामोदर सातवलेकर, वासुदेवशरण अग्रवाल जैसे मनीषियों ने महाभारत-गीता की बाती को और उचकाकर प्रदीप्त किया। ऐसा इसलिए भी हुआ कि समस्त भारतीय साहित्य का स्रोतग्रंथ 'महाभारत' रहा है। यह मात्र स्रोतग्रंथ ही नहीं पूरे भारतीय-साहित्य में काव्य, नाटक, उपन्यास, चंपू, प्रबंधकाव्य, लंबी कविताएँ उसकी प्रधान कथा और छोटी कथाओं को आधार बनाकर लिखी गईं। इस दृष्टि से 'महाभारत' भारतीय मन की उज्ज्वलनीलमणि रहा है। हर तरह के रचनाकार को महाभारत-गीता का सच अंधकार में आलोक देता है। यही कारण है भारतीय परंपरा हर कोने से उसे 'ज्ञानमय प्रदीप' कहती है। महाभारत का घटना केंद्र कुरु-पांचाल प्रदेश है लेकिन यह पूरे भारत देश का काव्य है—इतिहास है, स्मृति है, मिथक स्वप्न है। विद्वानों ने माना है कि सूतों और मागधों के बीच किसी प्राचीन युद्ध के गीत नाराशंसी गाथा के रूप में गाए जाते रहे होंगे। फिर 'जय' नाम से इसी कहानी को रूपाकार मिला और तदनंतर 'भारत' रचा गया। इसके अनेक-अनेक आख्यान-उपाख्यान,

अवांतर प्रसंग, धर्मगीताएँ जोड़कर 'महाभारत' का वर्तमान रूप निखरकर सामने आया। ऐसे भी पश्चिमी विद्वान हैं जो महाभारत से गीता को अलग रचना मानते हैं जैसे विंटरनित्स। लेकिन भारतीय परंपरा गीता को महाभारत का अखंड अभिन्न अंग मानती रही है। यही विचार मनोहर श्याम जोशी का है—उन्होंने 'गाथा कुरुक्षेत्र की' के माध्यम से महाभारत-गीता को अभिन्न मानकर अपनी मनोभूमिका को 'उपस्थित' बनाया है। उनकी कलाकृति के 'आमुख' में वेदव्यास की वाणी गूँज रही है—'मैं वेदव्यास/पुत्र मुनि पाराशर का/वीर्य से जिसके विचित्रवीर्य को दो विधवायें/दे सकीं जन्म धृतराष्ट्र, पांडु और विदुर को/भरतवंश जिससे बढ़ सका आगे।' (पृ. 3) वेदव्यास की अनुभूति में घटना-चक्र घूम रहा है—आवर्त्तन-विवर्तन की कालगति के साथ। वे कहते हैं—'रहा था, साक्षी जिसका/वाचक उसी का बनता रहा हूँ'/उसी रूप में खड़ा आज भी/यहाँ इस कुरुक्षेत्र में/धर्मक्षेत्र है यह कुरुक्षेत्र/यज्ञवेदी स्वयं प्रजापति की/यहीं तपस्या की थी कुरु ने/वर्ष सहस्र तक यज्ञ किया था/प्रजापति ने इसी क्षेत्र में/और प्रभु ने भी/गीता थी यहीं गायी।' (पृ. 4) फिर श्रीकृष्ण का गीता कथन—'परित्राणाय साधूनां विनाशाय दुष्कृताम्/धर्म संस्थापनार्थाय संभवामि युगे-युगे।' यह है वैष्णव-भक्ति का नया आयाम/अवतारवाद का खेल/महाभारत के अठारह पर्वों का भाव-विस्तार और विषाद योग।

इस कलाकृति को रचनाकार मश्जो ने शीर्षक दिया—'गाथा कुरुक्षेत्र की।' केवल 'कुरुक्षेत्र' नहीं कहा—इसे 'गाथा कुरुक्षेत्र' कहा। 'गाथा' किसकी? महाभारत के वीरों की। अनंत-अनंत कथाओं के आख्यान-उपाख्यान इसमें अंतर्गुंफित हैं। इसलिए महाभारत के लिए कहा जाता है जो भारत में है वह सब कुछ महाभारत में है। यही कारण है इस महाभारत-गाथा को 'महाकाव्य' या 'सागा' मात्र कहकर नहीं समझा जा सकता। यह तो अपने विचार-विस्तार में भारत का 'होल लिटरेचर' या संपूर्ण-समग्र साहित्य है—साहित्य का विश्वकोश है। यह मात्र युद्ध कथा नहीं है—'महाभारताख्यान' है जिसका आदि है, मध्य है, लेकिन अंत नहीं है। कहते हैं कि एक बार 'महाभरत' नामक इस 'पाँचवें' वेद की महिमा पर विवाद उठा तो उसे तोला गया। एक पलड़े पर चारों वेद—दूसरे पलड़े पर 'महाभारत'। तौलने पर महाभारत चारों वेदों से भारी निकला। तभी से 'महाभारत' को 'लोक' माना गया। अपने आलोक से लोक को आलोकित करने वाला काव्य और इतिहास। भरत के वंश में कुरु हुए जिनकी संतानों ने पारिवारिक युद्ध किया। आज का 'महाभारत' इन्हीं कुरुवंशियों की युद्धगाथा है। किंतु यह कोरी युद्धगाथा नहीं है, इतिहास है, शास्त्र है, काव्य है, स्मृति है। मनोहर श्याम जोशी को याद है—वह कहावत कि जैसे दही में मक्खन, जलाशयों में समुद्र है—वैसे ही समस्त इतिहास में महाभारत श्रेष्ठ

है। वेदव्यास की स्मृति का यह धड़कता हुआ 'समय-पाक' है कि 'कुरुक्षेत्र यह युद्ध क्षेत्र बना/और यहीं पर युद्ध भयंकर भरत के वंशजों में ठना/हा!विडम्बना। कि मेरे ही वीर्य से जन्मे धृतराष्ट्र-पांडु की संततियों ने लड़ा युद्ध वह।' (पृ. 4) छोटे पाँच बच्चे छोड़कर पांडु मरे तो अंधे धृतराष्ट्र ने सत्ता सँभाली। अपने सौ पुत्रों के मोह में अंधे इस जन्मांध राजा ने पांडवों को खांडवप्रस्थ का राज्य दिया। फिर हुई ईर्ष्या जन्य कलह। जुए में अनाड़ी युधिष्ठिर को दुर्योधन ने हराया। उन्हें बारह वर्ष का वनवास और बारह माह का अज्ञातवास दिया। लौटने पर पाण्डवों को पाँच गाँव तक नहीं दिए। युद्ध का बीज पनपा—'फिर भी श्रीकृष्ण पहुँचे युधिष्ठिर के पास।' (पृ. 5)

काव्य-नाटक 'गाथा कुरुक्षेत्र की' का प्रथम सर्ग : विराटनगर प्रसंग से शुरू हुआ। युधिष्ठिर ने श्रीकृष्ण का स्वागत-सम्मान करने के बाद पूछा कि ज्येष्ठ पिता श्री धृतराष्ट्र ने क्या कहलवाया? हम तो पाँच गाँव लेकर ही युद्ध टालना चाहते थे—'इस पर भी वे हुए न राजी।' श्रीकृष्ण से पूरी बात को समझकर एक अंतिम प्रयास के रूप में हस्तिनापुर जाने की ठानी। युधिष्ठिर ने संधि-शांति की बात के लिए श्रीकृष्ण को दूत बनाकर भेजने का मन बनाया तो द्रौपदी ने प्रतिरोध किया—'जाते-जाते कृष्ण सुन लो मुझ द्रौपदी की बात/संधि जो भी कर रहा स्वीकार, हो धिक्कार उसको/युधिष्ठिर के धर्म को, भीम के भुजदंड को/अर्जुन के गांडीव को/टंकार को धिक्कार है/मेरे खुले ये केश क्यों दिखते नहीं इनको।' (पृ. 7) प्रतिशोध की आग में जलती द्रौपदी और उसे समझते श्रीकृष्ण/द्वितीय सर्ग में—हस्तिनापुर-प्रंसग—गीता के श्लोक के साथ—'कुरुणां पांडवानां च शमः स्वादिति भारत' अर्थात् 'कौरवों और पांडवों में शांति हो/व्यर्थ न जाएँ प्राण वीरों के ऐसा यत्न करने/मैं प्रस्तुत हूँ।' लेकिन दुर्योधन ने न कृष्ण की मानी न धृतराष्ट्र-विदुर की मानी/विवश कृष्ण लौट आये—दुर्योधन के इन कटु वचनों के साथ 'कौन मारेगा, मरेगा कौन फैसला इसका युद्ध क्षेत्र में ही होगा।' वेदव्यास आत्मकष्ट में डूबे—'धर्म नहीं, न्याय नहीं, युद्ध-युद्ध-युद्ध'। इस सर्ग में सैनिक बात कर रहे हैं कि कदाचित कौरवों के बुरे दिन आ रहे हैं। ये सैनिक धर्मवीर भारती के 'अंधायुग' के सैनिकों की याद दिलाते हैं। अंततः 'कुरुक्षेत्र' में युद्ध शुरू हुआ—शंखनाद, जयघोष तुरही वादन के साथ। धवल अश्वों वाले अर्जुन के रथ के सारथी बने श्रीकृष्ण। इस कुरुक्षेत्र में वेदव्यास चीखते रह गए। तृतीय सर्ग में अर्जुन-कृष्ण संवाद—'हे कृष्ण/योद्धा जहाँ से कौरवों के दिख सकें/सबके सब मुझको/रथ रोको वहीं।' कृष्ण ने युद्ध-तत्पर कौरवों को दिखलाया तो अर्जुन मोह-पाश में बँधने लगे। कहा—'हे कृष्ण! हो रहे हैं शिथिल मेरे अंग, मुँह सूखता है/त्वचा दग्ध, मन भ्रमित, कम्पितगात है/हाथ से गांडीव मेरे छूटता है/हे सखा, कौरव तो हैं पापी जनम के/किंतु हम क्यों/अधम पाप

कुलनाश कर लें मोल इस/घड़ी-घड़ी/राज मिलता हो त्रिलोकी का भले ही/पितामह भीष्म, द्रोणाचार्य जैसे पूजनीयों का/वध किसी भी हाल में/मैं कर नहीं सकता।' (पृ. 16) श्रीकृष्ण का उपेदश और अर्जुन को युद्ध के लिए तैयार करना। पूरा तीसरा सर्ग गीता का अविकल अनुवाद है। सार यह 'हे पार्थ : स्थित प्रज्ञ बन'। चतुर्थ सर्ग में 'उपनिषद हैं धेनु, ग्वाले हैं कृष्ण' का पुराना रूपक अर्जुन का युद्ध, भीष्म का युद्ध और भीष्म-द्रोणाचार्य से युधिष्ठिर की विनय। कैसे करोगे मृत्यु का वरण। दोनों ने अपनी मृत्यु का भेद बताया।

यहाँ पाँचवाँ सर्ग : 'कुरुक्षेत्र युद्ध प्रकरण' शीर्षक से है। वेदव्यास के द्वारा भीष्म-संग्राम की कथा। अभिमन्यु की अपार वीरता और वध। दुर्योधन के वाग्बाणों से व्यथित भीष्म द्वारा श्रीकृष्ण और अर्जुन की महिमा का बखान। फिर अपनी ही मृत्यु का पांडवों को मंत्र। शिखंडी कथा का मर्माहत सत्य। 'उठाता नहीं हूँ अस्त्र स्त्रियों पर'। सैनिकों की बातचीत में दुर्योधन-दुःशासन की नीचता का नया दमित अर्थ खुलता है। भीष्म का युद्ध क्षेत्र में अर्जुन के बाणों से आहत होकर गिरना, फिर शर-शैया पर लेटना, अर्जुन के बाण से फूटती गंगा की धार। 'इच्छा-मृत्यु का वरदान मुझको प्राप्त है/इसलिए शुभ उत्तरायण की प्रतीक्षा में रोके हुए हूँ प्राण अपने' (पृ. 29)। यहाँ भी श्रीकृष्ण को दुर्योधन नहीं पहचानता है किंतु अर्जुन को याद है 'गीता को सुनाते/था प्रभु ने दिखाया/विराट रूप अपना।' छठा सर्ग मूलतः कृष्ण-भाव का विचार-वैभव है।

कृष्ण कह रहे हैं—'हे अर्जुन! मैं अंतरात्मा हूँ प्राणियों में/मैं ही उनका आदि,' उनका मध्य, उनका अंत हूँ/आदित्यों में विष्णु हूँ/प्रकाश पुंजों में सूर्य।' गीता का अनुवाद एक लंबी कविता की लड़ी में चलता है—विचार की अखंडित अंतर्योजना के साथ। अर्जुन यहाँ कृष्ण का विराटरूप देखकर अभिभूत और आंतकित होते हैं। कृष्ण ही काल हैं—महाकाल हैं—लीला हैं—नटवर हैं—अक्षर हैं—अनादि हैं—अप्रमेय हैं। सातवाँ सर्ग द्रोणाचार्य की चक्रव्यूह कला का मायावी नाटक है। द्रोण-कर्ण के सामने अभिमन्यु सैनिकों के द्वारा अभिमन्यु के वीरकर्म की सराहना। फिर प्रतिज्ञा किए अर्जुन का जयद्रथ-वध। वेदव्यास की व्यथायातना से फूटा 'अकुआ गया अधर्म तो वटवृक्ष बन जाता है।' घटोत्कच का महासमर। अंतिम 'आठवाँ सर्ग' दुर्योधन-कर्ण संवाद से उपजा है कि कर्ण ने घटोत्कच पर अमोघ-शक्ति छोड़ दी है। कृष्ण वेदव्यास के संवाद जारी हैं। नाटकीय ढंग से द्रोणाचार्य-युधिष्ठिर-भीम के द्वारा नया पाठ शुरू होता है अश्वत्थामा मारा गया। नर या कुंजर? द्रोणाचार्य शोक संतप्त होकर शोक समाधि में जाकर मृत्यु का वरण करते हैं। फिर कर्ण-वध का प्रसंग। अश्वत्थामा द्वारा द्रौपदी के पुत्रों की हत्या, उत्तरा के गर्भ पर ब्रह्मास्त्र फेंकना। मृत बालक को कृष्ण

ने योगमाया से जीवित किया। सरोवर में छिपे दुर्योधन का वध। द्रौपदी का अश्वत्थामा की मणि पाकर थोड़े चैन का अहसास। गांधारी का कृष्ण को शाप देना और कर्ण के तर्पण के लिए कुंती का युधिष्ठिर से भेद खोलना। 'हे युधिष्ठिर/तर्पण करो तुम कर्ण का भी/सूर्य के बीज से पैदा हुआ ज्येष्ठ पुत्र था वह मेरा/और तुम सबका बड़ा भाई।' यह सुनते ही धर्मराज अधीर हुए—'पहले क्यों नहीं कहा माता/पहले कहा होता तो क्यों कर हुआ होता/कुरुवंश का संहार इस कुरुक्षेत्र में।' (पृ. 55) विषाद में डूबे धर्मराज को वेदव्यास का अमृत सन्देश—'सदा रहो शरण में प्रभु की/गीता सुनो ही नहीं समझो भी/कर्म करो बिना फल की चिंता किए/अर्थ, काम और ग्रार्हस्थ्य से/अपने निश्चित कर्त्तव्य से/मुँह न मोड़ो।' (पृ. 56) मूल भाव यह है कि मनुष्य और मनुष्यता से श्रेष्ठतर कुछ भी नहीं है। यहाँ मश्जो न धर्म की बहस में पड़ते हैं न आध्यात्मिकता की। केवल मानव के कर्तव्य कर्म को कई कोणों से भाषित-पुनभार्षित करते हैं। इस काव्य-नाटक की पूरी महाभारत गाथा सपाट है—जिस पर गहन काव्यात्मकता की पर्तें नहीं हैं न नए दमकते-चमकते बिंब न कथन-वैचित्र्य का चमत्कार। बेलबूटे की नक्काशीदार कला से एकदम दूर हैं—मश्जो। इस तरह इसमें एक अलग तरह की गीता-चिंतन की धूप है जो कायरता से ठिठुरते हुए चित्त को गरमाहट देती है। यहाँ भी है जीवन को सतर्कता, विवेक वयस्कता से देखने की मश्जो जिद। न्याय-अन्याय, पाप-पुण्य, सद्-असद्, जीवन-मृत्यु के यक्ष प्रश्नों से जूझते मनोहर श्याम जोशी। 'गाथा कुरुक्षेत्र की' के बहाने न जाने कितने प्रश्न हैं और इन प्रश्नों का संकेत कुँवर नारायण अंदाज में कर पाना छोटी बात नहीं है।

महाभारत एक काव्य या इतिहास भर नहीं है वह जीवन जीने की एक मानसिक तैयारी है -एक नया सलीका एक नया जीवन-स्वभाव। मुझे लगता है कि जीवन जीने की इसी तरह की प्रेरणा 'गाथा कुरुक्षेत्र की' नामक कलाकृति देती है। हम सभी भूले नहीं हैं, कि पुरानी पीढ़ी के बहुत से लोग 'रामायण' को घर में रखते थे किंतु 'महाभारत' को नहीं। कहीं न कहीं उनके मन में यही विश्वास बैठा हुआ था कि महाभारत पारिवारिक कलह और विध्वंस को बढ़ावा देता है। कहते हैं कि इस कृति के रचनाकार वेदव्यास इसे रचने के बाद बेचैनी का अनुभव कर रहे थे और आत्महत्या करने की सोच रहे थे। उन्हें अचानक नारद मिले तो वेदव्यास ने अपनी व्यथा कथा कही। इस व्यथा कथा की ट्रेजेडी को सुनकर नारद ने कहा कि आपने ऐसे घाट निर्मित किए जिनमें कौए पानी पिएँ। आपने ऐसे घाट नहीं बनाए जिनमें हंस मोती चुग सकें। नारद ने कहा तुमने युद्ध और विनाश की गाथा लिखी है—अब प्रेम कथा लिखो—प्रेम ही सबसे बड़ा पुरुषार्थ है। लोक में प्रसिद्ध है कि वेदव्यास ने 'महाभारत' के बाद भाव-नायक श्रीकृष्ण पर केन्द्रित श्रीमद्भागवत पुराण की

रचना की। जिसमें काव्य का सर्वोच्च अमृत भरा हुआ। है प्रश्न हो सकता है कि क्या यह बात मश्जो जानते नहीं थे? जानते थे लेकिन बीसवीं शताब्दी की युद्ध-लीला के विनाश के 'कारकों' पर विचार करना चाहते थे। इस विचार का निष्कर्ष निकलता था कि न्याय चुराने वाला ही युद्ध को निमन्त्रण देता है—चाहे वह ब्रिटिश साम्राज्यवाद उपनिवेशवाद से टकराने वाला भारतीय स्वाधीनता संग्राम ही क्यों न हो। उनके साम्राज्यवादी अन्याय ने भारत को हिंसक-अहिंसक युद्ध में धकेला। इसी प्रेरणा से 'भारत-भारती' का सृजन हुआ—'कुरुक्षेत्र' की रचना दिनकर ने की और हिंदी ही नहीं सभी भारतीय भाषाओं में 'कुरुक्षेत्र' रचे गए। इसी मनोभूमिका से विवश होकर मश्जो ने 'गाथा कुरुक्षेत्र की' रचना की है।

'महाभारत-गीता' एक तरह से गृहस्थों का उपनिषद है। साथ ही श्रीमद्‌भगवदगीता महाभारत की परिस्थितियों से उद्‌भूत है—उसकी स्थिति स्वतंत्र न होकर उसके अंग के रूप में है। यह सच है वेदव्यास के बाद महाभारत में निरन्तर परिवर्द्धन पाते रहे। यह अनेक व्यक्तियों की रचनाओं से निर्मित गाथा कोश है—एक तरह का विकसन शील महाकाव्यात्मक ग्रंथ है यह सच है कि महाभारत-गीता में अलग-अलग मिथक, आख्यान, पुराकथाएँ, काव्यांश वैदिक परंपराओं के हैं। इन्हीं मिथकों-रूपकों-आख्यानों-उपाख्यानों ने पूरे भारतीय साहित्य को सर्जनात्मकता की कल्प-सृष्टि और दृष्टि प्रदान की है। महाभारत के मिथक इस बात के प्रमाण हैं कि अनेक परंपराओं के जुड़ने से 'महाभारत' को यह रूप मिला। तिलक ने भारी अनुसंधान के बाद यह विचार प्रस्तुत किया है कि महाभारत और गीता अंगांगी-भाव से जुड़े हैं—एक वैचारिक अंतर्योजना के साथ। हमारी जातीय स्मृति मानती है कि वेदव्यास की रचना को नेमिषारण्य में सुनाया गया और मौखिक परंपरा से लिखित परंपरा में रूपांतरित हुआ। वेदव्यास कोरे कथाकार-इतिहासकार नहीं हैं—वे कवि हैं और कवि की सर्वोच्च महिमा के साथ कवि हैं। इसीलिए मनोहर श्याम जोशी ने 'गाथा कुरुक्षेत्र की' में उनका सूत्रधार और कवि दोनों रूपों में उपयोग किया है। वेदव्यास को मानकीय नियति की विषमता विडंबना की चिंता है। इसीलिए मश्जो ने महाभारत-गीता के 'टेक्स्ट' को आज के आधुनिक संदर्भों में प्रस्तुत किया है। इस समग्र पाठ का व्यंजक अर्थ केवल युद्ध की निस्सारता दिखाना भर नहीं है—भौतिक युद्धों का एक बहुलतावादी सांस्कृतिक तात्पर्य सामने लाना भी है। किसी को इसे भ्रमवश 'कल्चरल शोवेविज्म' नहीं समझना चाहिए। इसकी अर्थ-मीमांसा का विषाद सोचने वाले मनुष्य के लिए चुनौती है। इस चुनौती में परंपरा की यह ललकार निहित है आखिरकार क्या है महाभारत-गीता का सत्य। इस महाभारत का 'तात्पर्य निर्णय' या 'तात्पर्य प्रकाश' कौन करेगा। पं. नीलकंठ दीक्षित ने 'भारत भाव दीप' नाम से महाभारत की

टीका या भाष्य किया है एक ऐसा जिसके सामने उत्तर-आधुनिकतावादी, उत्तर-संरचनावादी और पाठकवादी आलोचना के 'डिस्कोर्स' फीके दिखाई देते हैं। मुझे ऐसा लगता है कि मनोहर श्याम जोशी जैसा पढ़ाकू रचनाकार महाभारत की इन टीकाओं भाष्यों के भीतर से अवश्य गुजरा था और उसके भीतर से गुजरने पर ही उन्हें एक 'काव्य-नाटक' लिखने का बीज भाव प्राप्त हुआ।

मनोहर श्याम जोशी ने कृष्ण द्वैपायन वेद व्यास के हृदय में पैठकर महाभारत की वृक्षरूप में अवधारणा को मथा है। उनका काव्यार्थ बीज-वृक्ष से जुड़ा है। इस विचार-प्रवाह के दो वृक्ष हैं। एक क्रोध का महावृक्ष है—उसका नाम है—दुर्योधन, कर्ण उस वृक्ष का तना है, शकुनि शाखा है। दुःशासन उसका पुष्प-फल और अंधा-अविवेकी राजा धृतराष्ट्र उस वृक्ष की जड़ है। दूसरा धर्म का कर्म कर्त्तव्य का, करुणा विवेक का महावृक्ष है इसका नाम है युधिष्ठिर। अर्जुन इसका तना है। भीमबली इसकी शाखा हैं—नकुल-सहदेव इसके पुष्प और फल हैं—इसकी जड़ हैं—योगिराज श्रीकृष्ण। आसक्ति अनासक्ति से परे रहने वाले नारायण—जो नर को जगाते हैं—नवजागरण लाते हैं। कृष्ण में समस्त जातीय स्मृतियाँ, अपौरुषेय ज्ञान, कर्त्तव्य-विधान समाया हुआ है। वेदव्यास इन दोनों वृक्षों के झंझावात को देखते समझते हैं इसलिए उनके विमर्श में अविद्या और विद्या का द्वंद्व चलता है, शंका का सागर पछाड़ें खाता है। यह शंका ही नए सृजन-चिंतन का बीज है। यह शंका का महाभाव ही सत्य की पहचान के लिए सागर मंथन करता है—उसी में विचार संघर्षों के ज्वार-भाटे उठते हैं और विचार कहता है कि स्त्री जुआ में लगा देने वाली संपति नहीं है। वह जीवन की प्रकृति है, ऊष्मा है, राग है, उसकी अपनी स्वतंत्र अस्मिता है। इस स्त्री-अस्मिता को ठुकराने वाला मर्दवादी समाज अन्यायी है और नीचकर्म प्रवृत्त। इस नीच-कर्म पर अंकुश लगना चाहिए। इसी भाव भूमि से संपन्न द्रौपदी 'गाथा कुरुक्षेत्र की' में युधिष्ठिर को कौरवों से संधि का प्रतिवाद करती है। इस स्त्री प्रतिवाद का आज नया भाष्य होना चाहिए।

कहना न होगा कि मनोहर श्याम जोशी की कलाकृति 'गाथा कुरुक्षेत्र की' स्त्री-विमर्श का एक नया पाठ है। आधुनिक चेतना का जागता अध्याय। भारत के भीष्म पर या भीष्मों पर उनकी वीरता को लेकर वज्रपात। भीष्म का सत्ता पक्ष उन्हें कितना ओछा बना सकता है—इस व्यंजना के भीतर भी झाँकना पड़ेगा। कैसे सत्य की छाती पर झूठ के सवार होते ही असत्य को अवसर मिलता है। यह सत्य केवल धर्म के परिपाठ से नहीं जाना जा सकता। हमें उसके भीतर घुसना पड़ता है तथा देखना पड़ेगा कि वह लोक रक्षण, लोक कल्याण का निर्वाहक है या नहीं। क्योंकि देना हो तो दाता भाव न रहे। यज्ञ करना हो तो कर्ता न रहे। केवल कर्त्तव्य कर्म के प्रति समर्पण रहे। यही ~~चरम~~ नैतिकता है और चरम पवित्रता का जीवन बोध है।

हमें भीष्म नहीं, कृष्ण होना है। कृष्ण के 'कृष' का अर्थ है—जोतना, खींचना, आवरण हटाना और 'ण' का अर्थ है—निवृत्ति। (दे. विद्यानिवास मिश्र—महाभारत का काव्यार्थ) चित्त को जो तने से जीवन में सर्जनात्मकता की सृष्टि होती है—बंजरता टूटती नष्ट होती है। इसलिए कृष्ण भाव जीवन का लघु-महत् दोनों है। यही समझते हुए भीष्म 'गाथा कुरुक्षेत्र की' में कृष्ण की आराधना करते हैं। लेकिन गांधारी है कि कुरुवंश की उपेक्षा का कारण मानकर कृष्ण को शाप देती है कि तुम्हारे भी कुटुंबी आपस में लड़कर मर जाएँगे। आज का भारत गांधारी का वही शाप भोग रहा है। यहाँ भी महाभारत का नया पाठ खुलता है कि मनुष्य का दुःख आज की भोगवादी संस्कृति का लाया हुआ है हम स्वयं इस दुःख को बुलाकर लाये हैं। हम भूल गए हैं तप के तेल से सत्य का दीपक जलाना, करुणा की बत्ती में क्षमा की लौ उठाना। इसलिए आज के मानव के सामने मूल्यांधता है और इस अंधकार में हम भटकने को विवश हैं।

'गाथा कुरुक्षेत्र की' का सार-सर्वस्व यह महाभाव है कि नर को अपने नारायण का साथ नहीं छोड़ना चाहिए। नारायण का साथ छोड़ते ही नर अकेला हो जाता है। असहाय हो जाता है, उसका अनाथत्व आत्म-निर्वासन को जन्म देता है। उसमें आत्महत्या का दर्शन पनपता है। इसलिए अज्ञेय जी की काव्यपंक्ति लेकर कहें तो वही मनुष्य आज के संकट ग्रस्त समय में हमें काम्य है—'नर जिसकी अनझिप आँखों में नारायण की व्यथा भरी है।' आज के भारतीय जीवन में 'प्रगति' और 'विकास' की जो अंधी दौड़ शुरू हुई है उसमें नर के भीतर का नारायण मर रहा है। मश्जो इस कलाकृति में यह संदेश दे रहे हैं कि हमें जीना है ठीक से जीना है तो हमें अपने नर के भीतर के नारायण को हर कीमत पर बचाना होगा। बीसवीं और इक्कीसवीं सदी की अनेक विडंबनाओं का कोई ओर छोर नहीं है। उत्तर-पूँजीवादी समाज में दुनिया 'छबियाँ' बेच रही है। और नव कंप्यूटर क्रांति के युग की भयावह बाजारवादी नकारात्मकता हमारा गला पकड़े हुए है। बचने के लिए गीता ज्ञान जैसा बौद्धिक आलोचनात्मक विवेक चाहिए। यही बात अपनी पुस्तक '21वीं शताब्दी' में मनोहर श्याम जोशी विस्तार के साथ कह चुके हैं। समस्त मानवता को समानता-स्वतंत्रता बंधुता का संदेश देने वाली आधुनिकता एक विध्वसंक धोखा है। इस धोखे ने फिर एक महाभारत शुरू कर दिया है। देखना यह है कि शक्ति और सत्ता के 'दमन' से उपजा मिशेल फूकोवादी विमर्श हमें कौन सा 'पाठ' किस कोण से पढ़ने की समझ देता है।

—कृष्णदत्त पालीवाल

रामनवमी
14 अप्रैल. 2008
ए 102/3 एस.एफ.एस-फ्लैट्स

1. मंगलाचरण

यतः सत्यं, यतो धर्मो, ह्रीरार्जवं यतः।
ततो भवति गोविन्दो, यतः कृष्ण-स्ततो जयः।।
वेदव्यासः जहाँ सत्य है, जहाँ धर्म है,
ईमानदारी, शर्म, विनय है,
वहाँ कृष्ण हैं,
और जहाँ कृष्ण हैं, वहीं विजय है।

2. आमुख

अबतक अंधेरा रहा था। अब किसी एक जगह पर रोशनी होती है और वेदव्यास के बोलना शुरू करते ही वह रोशनी सारे मैदान को 'स्वीप' करने लगती है।

वेदव्यास — मैं वेदव्यास,
पुत्र मुनि पारासर का
वीर्य से जिसके विचित्रवीर्य को दो विधवायें
दे सकीं जन्म धृतराष्ट्र, पाण्डु और विदुर को
भरतवंश जिससे बढ़ सका आगे।
मैं हूँ वेदव्यास,
जिसने
भरत के उन वंशजों को देखा-सुना
और जो देखा-सुना, वही कहता,
सुनाता, समझाता रहा हूँ मैं।
रहा था साक्षी जिसका
वाचक उसीका बनता रहा हूँ
उसी रूप में खड़ा आज भी,
यहाँ इस कुरुक्षेत्र में।
धर्मक्षेत्र है यह कुरुक्षेत्र,

यज्ञवेदी स्वयं प्रजापति की
यहीं तपस्या की थी कुरु ने
वर्ष सहस्त्र तक यज्ञ किया था
प्रजापति ने इसी क्षेत्र में
और प्रभु ने भी
गीता थी यहीं गायी—

श्लोक

परित्राणाय साधूनां विनाशायच दुष्कृताम्।
धर्मसंस्थापनार्थाय सम्भवामि युगे-युगे।।

श्री कृष्ण — भलों का कल्याण
नाश दुष्टों का करने
धर्मध्वजा फहराने
युग-युग में अवतार लिया करता हूँ।

वेदव्यास — कुरुक्षेत्र यह युद्ध क्षेत्र बना
और यहीं पर युद्ध भयंकर भरत के वंशजों में ठना
हा! विडम्बना
कि मेरे ही वीर्यदान से जन्मे धृतराष्ट्र-पाण्डु की
संततियों ने लड़ा युद्ध वह।
पाण्डु जब मरे,
उनके पुत्र पाण्डव पाँच
थे छोटे अभी
जन्मांध धृतराष्ट्र ने सत्ता सम्भाली
अपने सौ पुत्रों कौरवों से था बड़ा मोह उसको
इसलिए जब ज्येष्ठ पाण्डव युधिष्ठिर हुआ वयस्क

धृतराष्ट्र ने राज्य आधा ही दिया उसको,
सो भी खाण्डवप्रस्थ का।
समृद्ध हस्तिनापुर अपने बेटे दुर्योधन को दिया।
तो भी पुरुषार्थ के बल पर
पाण्डव निकल बहुत आगे गये।
कौरव जल-भुन उठे।
छल से लिया काम।
जुए में हराया अनाड़ी युधिष्ठिर को
भिजवाया पाण्डवों को बारह वर्ष के वनवास
बारह मास के अज्ञातवास पर।
जब वे लौटे
राज्य नहीं लौटाया उनका।
पाँच गाँव तक दिए नहीं,
उल्टा कहलाया।
हे युधिष्ठिर,
दुर्योधन यदि करे अधर्म
तो तुम मत करना
धर्म-पुत्र हो
शोभा कभी ने देगा तुमको
अपनों का ही खून बहाकर
प्यास बुझाना राज-पाट की।
फिर श्री कृष्ण पहुँचे युधिष्ठिर के पास।

प्रथम सर्ग : विराटनगर प्रसंग

युधिष्ठिर — स्वागत है श्रीकृष्ण
विराजें इस आसन पर
तो सुना आपने
ज्येष्ठ पिताश्री धृतराष्ट्र ने
क्या कहलाया?

कृष्ण — हाँ युधिष्ठिर,
सुनकर मैं तो दंग रह गया उनका वह संदेश।

युधिष्ठिर — सुनकर मैंने इतना भर और यही कहा था
हम पाँचों को पाँच गाँव ही बस दिलवा दें
रक्तपात संकट टलवा दें
इसपर भी वे हुये न राजी।

कृष्ण — चलो, अंतिम एक प्रयास करने को
हस्तिनापुर मैं हो आता हूँ।

युधिष्ठिर — ठीक है,
दूत बनकर जायें
दिलायें न्याय,
करायें शांति और संधि।

द्रौपदी — जाते-जाते कृष्ण सुन लो मुझ द्रौपदी की बात

सन्धि जो भी कर रहा स्वीकार, है धिक्कार उसको।
युधिष्ठिर के धर्म को, भीम के भुजदण्ड को
अर्जुन के गांडीव की टंकार को धिक्कार है।
मेरे खुले ये केश क्यों दिखते नहीं इनको?
कि जिसको खींच, नीच वह दुःशासन
लाया था मुझे कौरव-सभा में?
ये मेरे पति पाँच, करें याद चीरहरण
वह क्षण चरम अवमानना का,
जब लुट रही थी लाज मेरी
और ये सब विवश, थे चुपचाप बैठे।
हे केशव! तुम्हें मुझ दुखियारी के इन खुले—
अनसंवरे केशों की कसम
संधि की तो बात मत करना कभी
उन कौरवों से।

कृष्ण — अपने आँसुओं को पोंछ द्रौपदी, धैर्य धर
जीवन-डाल से टपक पड़ेंगे युद्धभूमि में,
काल के पकाये कौरव
योद्धा पति तेरे देंगे उन्हें मृत्युदंड
दिलायेंगे तुझे प्रतिशोध।

(रथ जाने का ध्वनि प्रभाव)

द्वितीय सर्ग : हस्तिनापुर प्रसंग

श्लोक

कुरुणां पांडवानां च शमः स्यादिति भारत।
अप्रणाशेन वीराणामेद्र्याचितुमागतः।।

कृष्ण – कौरवों और पाण्डवों में शांति हो
व्यर्थ न जायें प्राण वीरों के ऐसा यत्न करने
प्रस्तुत हुआ हूँ मैं।

धृतराष्ट्र – अरे ! यह तो हमारे परमप्रिय श्री कृष्ण के स्वर हैं।

कृष्ण – हाँ राजन धृतराष्ट्र!
और जैसा कि आपने सुना है
अर्जुन ने मुझे और दुर्योधन ने मेरी सेना को चुना है
इसलिये प्रस्तुत हुआ हूँ मैं, अपने ही दोनों धड़ों में
संधि न्यायोचित कराने।
बिंध गया है आज धर्म, वाणों से अधर्म के
निकालें उन्हें, अन्यथा वे बींध देंगे राजन
आप कौरवों को भी।

धृतराष्ट्र – हे भ्राता विदुर! तुम्हें तो सब पता है, तुम ही कहो
अब क्या कहूँ मैं इन श्री कृष्ण से?

विदुर – हमसे नहीं राजन, दुर्योधन से कहो
कि धर्म से पायी गयी विफलता भी स्वर्ग है

मगर मिले जो कपट से वह स्वर्ग भी रौरव नरक है।

धृतराष्ट्र – समझता कहाँ है मूढ यह दुर्योधन मेरा।

दुर्योधन – हे पिताश्री, आप मुझको मूढ कह लें
कूटनीति गूढ इनकी मैं समझता हूँ
माँगते हैं गाँव-आज पाँच, लेकिन
कल जुटाकर शक्ति
पूरा राज्य हमसे छीन लेंगे।
दूँगा नहीं मैं मगर बिना युद्ध के
धरा सूई की नोक जितनी भी।

धृतराष्ट्र – आह विदुर!
नियति टाले नहीं टलती
भाग्यसूत्र से बँधे नाचते हैं हम
कठपुतलियों जैसे।

विदुर – नहीं राजन, नहीं।
पुरुषार्थ से मनुष्य टाल सकता है अनर्थ भी
भविष्य भी सुधार सकता है अपने विवेक से
उत्साह और संकल्प का ही नाम है जीवन
यह भाग्यवाद तो जीते–जी मृत्यु है।
समझाओ अपने पुत्र को
और संधि कर लो।

धृतराष्ट्र – हे पुत्र दुर्योधन!
शरण में जा अब श्रीकृष्ण की।
संधि कर ले पाण्डवों से
आधा राज्य दे दे उन्हें।

दुर्योधन – हे पिताश्री, क्यों जाऊँ शरण में श्री कृष्ण की?

क्यों डर मुझे उनका दिखाते हो?
समझ यह क्यों नहीं पाते आप कि झुक गये अगर हम
तो ये पाण्डव हम सभी को मार देंगे एक दिन?
और किया क्या है दोष मैंने
जो आप तक मुझे ही टोकते हैं?
जुआ खेला युधिष्ठिर ने
लगाया दांव सब कुछ पासों पर
खोया राज्य, वनवास पाया
यह अपराध मेरा है?
हे कृष्ण! क्षत्रिय हूँ मैं,
युद्ध किये बिना सूई की नोक जितनी भी
भी धरा दूँगा नहीं उनको।

कृष्ण — अच्छे क्षत्रिय हो,
पासों को शस्त्र बनाकर
छीन लिया राज्य भ्राता का।
अच्छे क्षत्रिय हो,
भरी सभा में खिंचवाई साड़ी भाभी की।
अच्छे क्षत्रिय हो,
युद्ध में नहीं, उन्हें जुये में हराकर
बारह वर्ष बनवास, अज्ञातवास एक वर्ष का
दे डाला।
और पूरा करके जब वे लौटे
अच्छे क्षत्रिय हो,
धता बता दी।

यह कपट छोड़ो, आधा राज्य देकर
न्याय कर दो पाण्डवों से
वरना सर्वनाशी युद्ध का ही रह जायेगा रास्ता।

दुर्योधन – हे कृष्ण! कह दीजिये उनसे,
युद्ध से डरता नहीं मैं।

धृतराष्ट्र – अरे गांधारी, अब तू ही समझा अपने इस पुत्र को।

गांधारी – अब कह रहे हैं
जब बात इतनी बढ़ चुकी है
अबतक अनदेखा किया क्यों हर पाप इसका आपने?
हे वत्स दुर्योधन! पिता की बात मानो
शक्ति के मद में न हो मदहोश करो अहित सबका
दो लगाम अपने लोभ पर
पाण्डवों का राज्य लौटा दो, अन्यथा
कुसंगतिवश जैसी यातना तुम दे रहे मुझको
वैसी भीम के हाथों युद्ध में पाओगे एक दिन।

दुर्योधन – कौन मारेगा, मरेगा कौन फैसला इसका
युद्ध क्षेत्र में ही होगा।

धृतराष्ट्र – हे कृष्ण! आपके वचन हितकारी सुने मैंने
किन्तु लाचारी
कि पुत्र मेरी सुनता नहीं है
और मैं हूँ विवश इसके सामने।

कृष्ण – यह विवशता पड़ेगी बहुत भारी आपको।
तो आज्ञा दें,
करें तैयारियाँ युद्ध की।

वेदव्यास – धर्म नहीं, न्याय नहीं, युद्ध, युद्ध, युद्ध!

कौरवों की एक रट, युद्ध, युद्ध, युद्ध!
मैं उठा बाँहें,
चीखकर सीख यह देता रहा हूँ
मोक्ष ही नहीं,
अर्थ और काम भी होते धर्म से हैं सिद्ध।
तो कौरवो!
चलो धर्म पर,
सुख-भोग करो पाण्डवों के साथ तुम
किन्तु वे तो यहाँ लाशें बिछा
सुख-भोग गिद्धों को दिलाना चाहते हैं।

(ध्वनि प्रभाव अपशकुनों के)

पहला सैनिक — इधर अपशकुन पर अपशकुन होते जा रहे हैं।

दूसरा सैनिक — दिन कदाचित अब बुरे
हम कौरवों के आ रहे हैं।

तीसरा सैनिक — क्या बात करते हो?
हैं इन्द्र को भी जीत सकते जो,
वो पितामाह भीष्म,
सेनापति हमारे
बन गये हैं।

दूसरा सैनिक — किन्तु दो-दो शर्त रखकर। पाण्डव भी पौत्र हैं,

इसलिए उन्हें मारेंगे नहीं।

पहला सैनिक – और वीर कर्ण, जिससे बनती नहीं उनकी
उसे युद्ध में उतारेंगे नहीं।

(सेनाओं के आने का ध्वनि प्रभाव)

वेदव्यास – था निश्चिंत दुर्योधन विजय के विषय में
ग्यारह अक्षौहिणी सेनायें थीं साथ उसके
पाण्डवों के पास केवल सात थीं।
भाई-भाई की वह लड़ाई थी खींच लायी
सारा भारत पक्ष या विपक्ष में
हर अधर्म 'अन्याय' अन्ततः युद्ध बड़ा ही है
तो वीरोत्सव रक्त-रंजित हुआ शुरू
छिड़वाना कुरुक्षेत्र में।

(ध्वनि प्रभाव स्वस्ति वाचन, शंखनाद, जयघोष तुरही वादन)

पहला सैनिक – चमचमाते अस्त्र हैं
इस छोर से उस छोर तक
हैं फरफरा रथों पर रहीं
देखो पताकायें।

दूसरा सैनिक – गूँज रही है दिशायें
शंखनाद और जयघोष से।

तीसरा
सैनिक — वह देखो, चार धवल अश्वों वाला
रजत रथ वीर अर्जुन का।

दूसरा
सैनिक — सारथी हैं कृष्ण जिसके।

पहला
सैनिक — सुनिश्चित है विजय उसकी।

श्लोक

उर्ध्वबाहुर्विरौम्येष न च कश्चिच्छृणोति मे।
धर्मादर्थश्च कामश्च स किमर्थ न सेव्यते।

वेदव्यास — इस कुरुक्षेत्र में बाँहें उठाए,
खड़ा मैं वेदव्यास
दे रहा हूँ चीख कर यह सीख
मोक्ष ही नहीं, अर्थ और काम भी होते धर्म से हैं सिद्ध
तो क्यों जाते अधर्म की ओर?
मिल-बाँटकर सुख भोग कौरव क्यों कर नहीं लेते?
क्यों लाशें बिछाना चाहते हैं
दिलाना चाहते हैं सुख-भोग गिद्धों को?।
(**ध्वनि प्रभाव**...ढोल, तुरही, शंख आदि पर आधारित संगीत घोड़ों का हिनहिनाना, हाथियों की चिंघाड़, रथ के पहियों की आवाजें, स्वस्तिवाचन के स्वर, 'हर-हर महादेव' 'पाण्डवों की जय हो' विजय हो 'के नारे'

तृतीय सर्ग

अर्जुन — हे कृष्ण!
योद्धा जहाँ से कौरवों के
दिख सकें सब-के-सब मुझको,
रथ रोको वहीं

(ध्वनि प्रभाव...रथ चलने, फिर रुकने का)

कृष्ण — हे अर्जुन! जिन युद्ध-तत्पर कौरवों से तुझे है लड़ना
जी भर उन्हें तू देख ले पहले।

अर्जुन — ये तो सभी अपने सगे हैं
कोई है पात्र आदर का, तो आशीर्वाद का कोई अस्त्र
प्रहार का पात्र कैसे मान सकता मैं इन्हें? हे कृष्ण!
हो रहे हैं शिथिल मेरे अंग, मुँह सूखता है
त्वचा दग्ध, मन भ्रमित, कम्पित गात है
हाथ से गाण्डीव मेरे छूटता है
हे सखा, कौरव तो हैं पापी जनम के
किन्तु हम क्यों
अधम पाप कुलनाश का लें मोल इस अन्तिम घड़ी?
राज मिलता हो त्रिलोकी का भले ही

पितामह भीष्म, द्रोणाचार्य जैसे पूजनीयों का
वध किसी भी हाल में
मैं कर नहीं सकता।
रुधिर से गुरूजनों के जो सनी हो
राज्यश्री वह भोग मैं सकता नहीं।
मार अपनों को त्रिलोकी भोगने से तो
बिन लड़े मारे जाने में ही अधिक कल्याण है
तो रख रहा हूँ अस्त्र
युद्ध कर सकता नहीं मैं।

कृष्ण – हे पार्थ!
तुझ वीर को शोभ नहीं देता दुर्बलता हृदय की,
छोड़ कायरता, उठ युद्ध कर

अर्जुन – हे कृष्ण!
मैं कायर नहीं हूँ
मोहितचित हूँ, शिष्य हूँ आपका
उपदेश हितकर आप मुझको दीजिए।

कृष्ण – हे पार्थ!
बोले तूने वचन ये, शैली में ज्ञानीजनों की
किन्तु, पण्डितजन कभी करते नहीं हैं शोक
मृतकों या जीवितों का।
हे अर्जुन!
तू, मैं, और ये राजागण सभी
सदा थे, और रहेंगे सदा ही।
देह नश्वर है, अमर है आत्मा
न कोई मारता है, और न मरता है कोई।

अर्जुन — तो मृत्यु क्या है?

कृष्ण — त्यागकर जीर्ण वस्त्रों को
जैसे वस्त्र नवीन हम करते हैं धारण
वैसे ही आत्मा देह का चोला पुराना छोड़कर
नया लेता हैं पहन
आत्मा को काटते नहीं है अस्त्र
अग्नि जला नहीं पाती
भिंगो पाता नहीं है जल
सुखा पाती नहीं है वायु उसको।

अर्जुन — तो क्या उचित है?

कृष्ण — उचित है शोक से हो मुक्त तेरा युद्ध करना
है स्वधर्म पालन परम कर्तव्य सबका
और तुझ क्षत्रिय का तो स्वधर्म
युद्ध ही है।
मारा गया तो स्वर्ग पायेगा
और यदि जीता तो भोगेगा मही
अस्तु, हे कौन्तेय! हो तैयार जमकर युद्ध कर।

अर्जुन — मगर कुलनाश का लगेगा पाप मुझको।

कृष्ण — सुख-दुख, हानि-लाभ, जय-पराजय
सबको बराबर मानकर यदि करेगा युद्ध तू
तो किसी भी पाप का भागी बनेगा तू नहीं।
कर्म पर अधिकार है तेरा
किन्तु है नहीं कर्म के फल पर
फल की चाह मत कर, बँध कर्म के फल से।

अर्जुन — नहीं फल के लिए, तो किसके लिए करेगा कर्म

कोई?

कृष्ण — केवल ईश्वर के लिए
सो भी आशारहित
और हो स्थिर उस योग में
जिसमें सिद्धि और असिद्धि एक समान दीखती है।
कर्म कर तू
कर्मों की कुशलता ही है योग कहलाती
हे पार्थ! स्थितप्रज्ञ बन।

अर्जुन — स्थितप्रज्ञ कहते हैं किसे?

कृष्ण — मन में बसी हर कामना हो त्याग दी जिसने
जिसकी आत्मा फिर भी सदा परितृप्त रहती हो
स्थितप्रज्ञ है वही।
आसक्ति, काम और क्रोध छूते नहीं उसको कभी
जो मूर्ख अपना ध्यान प्रभु पर नहीं, विषयों पर लगाते हैं
आसक्ति उनमें जन्म लेती है।
आसक्ति से जन्मती कामना है
और काम से अनन्तर उपजता क्रोध है।
क्रोध से सम्मोह होता है
होश रहता नहीं किसी भी बात का
स्मृति गड़बड़ाती है
स्मृतिनाश से बुद्धिनाश होता है
और बुद्धिनष्ट मनुष्य पुरुषार्थ तो फिर कर नहीं-सकता।
(संगीत)

चतुर्थ सर्ग

वेदव्यास – उपनिषद हैं धेनु
ग्वाले कृष्ण हैं
अमृत दुग्ध है गीता
जिसको पिलाकर प्रभु ने किया
मोहमुक्त अर्जुन को।
इधर उठाया उत्साह से गाण्डीव उसने
उधर देखा तो भ्राता युधिष्ठिर
हथियार रख कर
जा रहे हैं कौरवों के पास।

(कौरव शिविर)

पहला सैनिक – देखो, अरे देखो
युधिष्ठिर आते चले पैदल हमारी ओर हैं।

दूसरा सैनिक – धत्तेरे की, कुल-कलंकी मारे डर के
शरणागत बन कर आये हैं।

पहला सैनिक – चलो सुनें, कहते क्या हैं युधिष्ठिर अब भीष्म से

युधिष्ठिर — अजेय हे पितामह!
प्रणाम हो स्वीकार मेरा
युद्ध अब मुझे करना पड़ेगा आपसे
अनुमति दें और आशीर्वाद भी

भीष्म — हे वत्स!
अर्थ ने दिया है बाँध मुझको कौरवों के पक्ष से
हाय, अर्थ का है दास हर पुरुष
जबकि स्वयं अर्थ
किसी का दास होता नहीं है।
तो लडूँगा मैं कौरवों की ओर से ही
शुभकामनायें किन्तु मेरी तुम पाण्डवों के साथ हैं।

युधिष्ठिर — हे पितामह!
हित हमारा आप यदि हैं चाहते
तो बतायें
कैसे हरायें युद्ध में हम आपको
वध करें कैसे आपका?

भीष्म — युद्ध में मुझको हराये मर्द तो ऐसा
कोई नहीं देता दिखायी
रही मेरी मृत्यु
तो समय उसका है अभी आया नहीं
फिर कभी तू पूछना।

युधिष्ठिर — नमस्कार गुरु द्रोणाचार्य
अनुमति दें मुझे अब युद्ध की
और आशीर्वादवत् यह भी बतायें
मार हम कैसे सकेंगे आपको?

द्रोण — राजन!

जब तक हाथ में हो अस्त्र मेरे
मार ही सकता हूँ
मर नहीं सकता कभी
हाँ, यदि कभी किसी शोक वश
मैं होश खो बैठूं
गिरा दूँ अस्त्र
तब मार तुम मुझको सकोगे।

पाँचवाँ सर्ग : कुरुक्षेत्र युद्ध प्रकरण

वेदव्यास — पहले दिन ही दुर्योधन ने
अतिरथियों के संरक्षण में
भीष्म पितामह को पैठाया
पाण्डव सेना में घुसने को

(ध्वनि प्रभाव...)

अर्जुन का बेटा अभिमन्यु
निपट अकेला, चला गया तब राह रोकने
कौरव दल के सेनापति की।

(ध्वनि प्रभाव...)

वेदव्यास
(जारी) — एक पैने बाण से
काट डाली पताका भीष्म की
सौ-सौ नुकीले बाण उनपर छोड़ उसने हैं दिये

भीष्म — साधु, प्रपौत्र साधु!
वीर तू है पुत्र असली पार्थ का
झेलकर अब दिखा जरा दिव्यास्त्र मेरा भी।

(ध्वनि प्रभाव...दिव्यास्त्र और सिंहनाद के)

वेदव्यास
(जारी) — हो गया प्रगट पहले दिन ही
पाण्डव कुल का
पन्द्रह वर्षीय अभिमन्यु भी
भीष्म पितामह से लोहा ले सकता है
टक्कर है यह बराबरी की
निर्णय हो सकना मुश्किल है

(ध्वनि प्रभाव)

आठवें दिन युद्ध थमने पर
कोंचने पर कर्ण के
खिन्न और उद्विग्न दुर्योधन बोला यों पितामह से

दुर्योधन — हे पितामह!
हराकर पाण्डवों को सिद्ध अपनी वीरता को कीजिए
या कहीं दुर्भाग्य वश उनपर ही हों कृपालु आप
और मुझसे रुष्ट
तो स्थान पर अपने
करने दीजिए अब कर्ण को ही युद्ध

भीष्म — वत्स दुर्योधन!
हृदय मत छेद मेरा वाग्बाणों से
पूरी शक्ति से करता रहा हूँ युद्ध मैं
मगर जिनके पक्ष में हों
श्री कृष्ण और अर्जुन

लगभग असम्भव है जीतना उनको
हे तात! तुम यह बात अबतक समझ पाये हो नहीं।
क्यों भूलते हो
इसी अर्जुन ने किया था
इन्द्र को परास्त
छुड़ाया था इसीने गन्धर्वों से तुम्हें
तुम्हारा कर्ण तो तब रण से गया था भाग
किन्तु छोड़ो,
कल मैं पितामह भीष्म
संग्राम इतना भीषण करूँगा कि
पाण्डवगण कर उठेंगे त्राहि-त्राहि
(ध्वनि प्रभाव युद्ध के...)

वेदव्यास
(जारी) — गजराज जैसे रौंदते हैं खेत को
बन यमराज, पाण्डव पक्ष को
जा रहे हैं रौंदते अब भीष्म
बिछ गयीं लाशें हजारों हैं
हाहाकार मच गया है पाण्डवों में
अरे देखो,
हार अर्जुन तक रहा है
अवध्य है पितामह के लिए, बस इसीलिए बचा है।
(ध्वनि-प्रभाव)

अर्जुन — बाणों से ढक गयी दिशायें, कुछ भी देता नहीं दिखाई

घोड़े भी हो गये हैं घायल, कृष्ण बताओ करूँ मैं क्या अब?

कृष्ण — बाकी चिन्ता मुझ पर छोड़
चलाते जाओ बाण
काटो फौरन धनुष भीष्म का

(बाण चलाने का ध्वनि प्रभाव)

भीष्म — साधु, अर्जुन साधु!
काट डाला धनुष मेरा
किन्तु काटेगा धनुष कितने?
और मेरे बाण तू कितने सहेगा?

(बाण चलने का ध्वनि प्रभाव...युद्ध के ध्वनि प्रभाव)

कृष्ण — तुमसे कुछ भी नहीं होगा,
मैं ही अब जाकर लड़ता हूँ

भीष्म — यदुश्रेष्ठ कृष्ण!
करें स्वीकार नमन मुझ गांगेय भीष्म का
मुझे मार दें, तार दें अब
उपकार सबका है उसी में।

अर्जुन — नहीं कृष्ण नहीं
आप तो वचनबद्ध हैं नहीं लड़ने को इस युद्ध में
पितामह को मारने का भार मेरा है
संहार मैं ही करूँगा उनका।

कृष्ण — तो करो ना
लड़ो ना जी जान से।

(ध्वनि प्रभाव युद्ध का)

वेदव्यास
(जारी) — अर्जुन ने लगा दी जान, किन्तु लाचारी
युद्ध कौशल पितामह का उस पर पड़ा भारी
पाण्डवों को छोड़ बाकी सभी का
संहार निःसंकोच वह करते रहे।
भयभीत युधिष्ठिर उस रात
अपने पितामह की शरण में फिर गये।

युधिष्ठिर — हे पितामह!
आप में सामर्थ्य है हम पाण्डवों को मारने की
प्रीतिवश हमको मगर मार आप रहे हैं नहीं।
और इधर अर्जुन-सा धनुर्धर भी है नहीं समर्थ
मारने में आपको।
ऐसे तो चलता ही रहेगा युद्ध यह
होता ही रहेगा संहार
निर्दोष प्रजा का
और न्याय हम पाण्डवों को मिल न पायेगा कभी।
क्योंकि आप पुण्यात्मा
पूज्य पितामाह हमारे
इस युद्ध में अन्यायी के सेनापति हैं।

भीष्म — ठीक कहते हो
जीत सकता नहीं है न्याय
जीते जी मेरे
वध मेरा अब होना ही चाहिए।
वैसे, अब आ भी चला है समय मेरी मृत्यु का।

तो सुनो युधिष्ठिर
उठाता मैं नहीं हूँ अस्त्र स्त्रियों पर
साला तुम्हारा, द्रुपद कुमार शिखण्डी
वस्तुतः स्त्री ही है।
करके हरण नर्क जीवन
जिस अम्बालिका का था बनाया भूल से मैंने कभी
मेरी मृत्यु बनकर
जन्मी वही शिखण्डी रूप में है।
तो लेकर ओट उसकी कल अर्जुन लड़े मुझसे और
वध कर मेरा
दिला दे मुक्ति मुझको
इस संसार से।

(ध्वनि प्रभाव युद्ध के)

पहला सैनिक – ये पाण्डव कर क्या रहे हैं आज?
शिखण्डी नामर्द को भिड़ाते भीष्म से
आती नहीं है लाज इनको?

दूसरा सैनिक – यह क्या?
शिखण्डी तो करता जा रहा प्रहार है।
किन्तु पितामह भीष्म
इस पर हैं नहीं उठाते हथियार अपना।

दुर्योधन – हे दुःशासन!
शिखण्डी की आड़ में कायर अर्जुन भीष्म से लड़ रहा है
रोको उसे दुःशासन।

दुःशासन — जो आज्ञा,
चलो वीरो रक्षा करो पितामह की।

युधिष्ठिर — चलो, पाण्डवो चलो
क्षण निर्णायक है यही युद्ध का
घेर लो पितामह को
घेर लो पितामह को।

(ध्वनि प्रभाव युद्ध का)

वेदव्यास
(जारी) — घमासान फिर युद्ध छिड़ गया
कई सहस्त्र योद्धा दोनों पक्षों के खेत रहे
कई-कई बाणों से बिंध चुके भीष्म
सक्रिय रहे सचेत रहे।
छोड़ते रहे बाण पर बाण
यद्यपि पीड़ा हो रही थी देह में।

भीष्म — आह दुःशासन!
बींध कर जो बाण लौह कवच मेरा
घुस गये हैं देह में
वे अर्जुन के रहे होंगे
शिखण्डी के नहीं।

दुःशासन — वह कायर धनुर्धर उसी की आड़ में तो है छिपा।
लगा ना जहाँ हो बाण
ऐसा दो अंगुल भी स्थान
बचा नहीं आपकी देह पर
चलें पितामह

समीप है अवसान दिवस का
लौटकर विश्राम कर लें।

भीष्म — प्रपौत्र, सच कह रहे हो
आ गयी अब बेला अंतिम विश्राम की है।

दुःशासन — हा दुर्योधन!
उधर ढला सूर्य
इधर बाणबिद्ध पितामह हमारे हैं गिर गये रथ से।

(संगीत....विलाप भरा)

एक स्वर — बाणों की शैया पर देखो लेटे भीष्म पितामह हैं।
राजवैद्य को लेकर आये दुर्योधन दुःशासन हैं।

भीष्म — राजवैद्य को
क्यों ले आये तुम तात?

दुर्योधन — जब तक साँस, तब तक आस।

भीष्म — इच्छा-मृत्यु का वरदान मुझको प्राप्त है
इसलिए शुभ उत्तरायण की प्रतीक्षा में
रोके हुए हूँ प्राण अपने,।
सुनो दुर्योधन,
लटक पड़ा है शीश मेरा
जरा तकिया लगा दो।

दुर्योधन — अरे जाओ,
मोटे-मोटे दो-चार तकिये ले आओ।

भीष्म — तू नहीं समझेगा नादान!
अरे अर्जुन।
बिछौना तूने ही दिया है

अब सिरहाना भी लगा दे,
तू ही कर कुछ

अर्जुन — जो आज्ञा पितामह।

(ध्वनि प्रभाव मन्त्र पढ़कर तीन बार बाण छूटने के)

अर्जुन — हे पितामह! अभिमंत्रित बाणों से
तीन तकिये मैंने बना दिये हैं।

भीष्म — साधु, अर्जुन साधु!
सिराहाना भी दिया वैसा जैसा बिछौना था
(कराहते हुऐ) आह!
जल रही है देह मेरी,
प्यास मुझको लग रही है।

दुर्योधन — यह लें पितामह
कलश शीतल जल से भरा है
या कहें कोई रस, या आसवमु मँगा दूँ?

भीष्म — नादान हो तुम, नहीं समझा
अर्जुन तू ही बुझा अब प्यास मेरी।

अर्जुन — जो आज्ञा पितामह!
शरशैया के निकट
पार्जन्य अस्त्र से धरा से धार
देता निकाल गंगा मैया की।

(ध्वनि प्रभाव बाण चलने का और बाद में पानी निकलने का)

भीष्म — साधु, अर्जुन साधु!
तृप्त तूने कर दिया है

हे दुर्योधन!
अब तो समझ तू शक्ति अर्जुन की
कृष्ण को ले अब तो पहचान
सन्धि कर ले पाण्डवों से
ताकि तुमलोगों का पितामह मैं
अपने प्राण उत्तरायण में
सुख-शान्ति के वातावरण में छोड़ पाऊँ।
अन्यथा तो पूर्व उसके ही
सर्वनाश होता दीखता है।

वेदव्यास
(जारी) – व्यर्थ गये सब वचन हितकारी भीष्म के
पौत्र दुर्योधन समझ पाया नहीं
विनाशकाल में बुद्धि भी विपरीत थी उसकी।
जीतता है वही जो जानता है
पहचानता है अपने को
और प्रतिद्वन्द्वियों को।
दुर्योधन नहीं है जानता, किन्तु अर्जुन परिचित है
असली श्री कृष्ण से, क्योंकि गीता को सुनाते
था उसे प्रभु ने दिखाया
विराट रूप वह अपना।

सर्ग

अर्जुन – हे कृष्ण! पाकर वचनामृत आपका
प्यास मेरी और बढ़ती जा रही है
विस्तार से कृपया बतायें
रूप विभूतियों का अपनी।

छठा सर्ग

कृष्ण — हे अर्जुन! मैं अन्तरात्मा हूँ प्राणियों में
मैं ही उसका आदि, उसका मध्य, उसका अंत हूँ।
आदित्यों में विष्णु हूँ, प्रकाशपुंजों में सूर्य
पवनों में हूँ मरीचि
नक्षत्रों में चन्द्रमा हूँ, वेदों में सामवेद हूँ
सामवेद में बृहद साम
छन्दों में गायत्री हूँ और देवताओं में इन्द्र
इन्द्रियों में मन हूँ, जीवों में चेतना
रूद्रों में शंकर, यक्षों में कुबेर हूँ
वसुओं में अग्नि, शिखरों में सुमेरु हूँ
पुरोहितों में वृहस्पति, सेनापतियों में कार्तिकेय
महर्षियों में भृगु, देवर्षियों में नारद हूँ
सर्पों में वासुकी, नागों में शेष हूँ।
पशुओं में सिंह, जलचरों में मगर
और पक्षियों में गरुड़ हूँ।
गउओं में कामधेनु, दैत्यों में प्रहलाद
प्रजनन करने वालों में कामदेव, आकलन करने
वालों में काल हूँ।

वृक्षों में पीपल हूँ, नदियों में गंगा
शस्त्रधारियों में राम, और संयम कराने वालों में
यमराज हूँ।
महीनों में मार्गशीर्ष हूँ, ऋतुओं में वसन्त
विद्याओं में अध्यात्म विद्या हूँ
हर वाद-विवाद में मूल स्थापना हूँ
मैं ही पहला अक्षर हूँ, मैं ही उज्ज्वल भविष्य और
मैं ही मृत्यु सर्वहार हूँ।
कीर्ति, श्री, वाणी, स्मृति, बुद्धि, धृति, क्षमा, सभी
मैं हूँ
विधाता हूँ, विश्वमुख हूँ, अक्षय हूँ, काल का भी
काल हूँ
छलों में जुआ हूँ मैं, तेजस्वियों में तेज हूँ
सात्विकों का सत्व, उद्यम उद्यमी का हूँ, ज्ञानियों
का ज्ञान हूँ।
विजय, विजेता की मैं ही हूँ, मुनियों में व्यास हूँ मैं
कवियों में शुक्राचार्य
यदुवंशियों में कृष्ण, और पाण्डवों में पार्थ हूँ मैं
उत्पत्ति का मैं ही बीज हूँ
सृष्टि का मैं ही आदि, मैं ही मध्य, मैं ही अन्त हूँ।
कहाँ तक बताऊँ, अन्तहीन हैं विभूतियाँ मेरी
ये जो भी हैं, मेरे ही अंश हैं
जो भी हैं, मैं ही हूँ।

अर्जुन — कर मुझ पर अनुग्रह आपने
परम-जिस गोपनीय अध्यात्म का

विवेचन कर दिया है,
मोह मेरा नष्ट उससे हो गया है।
प्रभु मैं जानता हूँ
अपने विषय में जो कुछ बताया आपने वह सत्य है
किन्तु पुरुषोत्तम, आपका वह रूप अद्भुत
मैं प्रत्यक्ष चाहता देखना हूँ
यदि इस योग्य समझें मुझ अकिंचन को
तो विराट वह रूप अपना मुझको दिखा दें।

कृष्ण – तो देख ले हे पार्थ! मुझमें जगत सारा चराचर
इसके लिये दिव्य दृष्टि दे रहा तुमको
दृश्य सारे जय-पराजय के मुझी में देख ले
सब मुझ ही में हैं, देख ले जो चाहता हो देखना।

(कृष्ण अपना विराट रूप प्रकट करते हैं जिसे देखते हुये अर्जुन अभिभूत एवं आतंकित हो उठता है)

अर्जुन – कितने विराट हैं आप
कैसा प्रकाश है ये
हजारों-हजार सूर्य जैसे एक साथ आकाश में हों छा गये
रोमांचित हूँ, प्रफुल्लित हूँ, नमस्कार बारम्बार करता हूँ।
हे विश्वेश्वर! हे विश्वरूप!
अनादि और अनन्त हैं आप
सब कुछ आप में ही है
आप सब कुछ हैं।

प्रफुल्लित हूँ, किन्तु हूँ भयभीत भी मैं ही नहीं
सृष्टि के प्राणी सभी काँपते ही जा रहे हैं।
भीष्म, द्रोण, कर्ण और हमारी ओर के भी
प्रमुख योद्धा कई
विकराल मुख में समाते जा रहे हैं आपके
भयंकर आकार वाले कौन हैं प्रभु आप?

कृष्ण — मैं काल हूँ, लोकक्षय, प्रवृत्त हुआ हूँ इस घड़ी
तू मारे न मारे
मारे यहाँ सब जायेंगे
इसलिए उठ युद्ध कर।

अर्जुन — हे प्रभु!
अब तक अज्ञान में नर साधारण समझकर आपको
मित्रवत् व्यवहार मैं करता रहा
कर दें क्षमा मुझको।

(प्रकाश प्रभाव...विराट रूप के सूक्ष्म हो जाने का)

कृष्ण — अब भूल जा गोपनीय उस रूप को
ले फिर मैं वही तेरा
सखा हूँ, सम्बन्धी हूँ, सारथी हूँ
साक्षी हूँ युद्ध का
निमित्त युगान्त का।

वेदव्यास
(जारी) — नहीं समझ सका दुर्योधन कि कृष्ण ही नारायण हैं
और अर्जुन, नरों में नारायण हैं
सलाह नेक मानी न भीष्म की, लड़ने पर ही अड़ा रहा
द्रोणाचार्य बने सेनापति।

सातवाँ सर्ग

द्रोणाचार्य – हे राजन! मैं रचूँगा वह चक्रव्यूह
जिससे निपटना मात्र अर्जुन जानता है
किन्तु उससे पूर्व
तुम अर्जुन को यहाँ से दूर भिजवाओ।

दुर्योधन – हे संशप्तक वीरो! ललकारो अर्जुन को।
दूर ले जाओ।

समवेत स्वर – अरे घमण्डी अर्जुन! माँ का दूध पिया हो तो
लड़ने हमसे आ जा।

(रथों के जाने के ध्वनि प्रभाव...उसके बाद संगीत)

युधिष्ठिर – रच दिया आचार्य ने है व्यूह ऐसा
जिसमें घुसना-निकलना
मात्र अर्जुन जानता था
अब करें क्या हम?

अभिमन्यु – मैं अभिमन्यु, पुत्र अर्जुन का
घुसूंगा इस व्यूह में
जब गर्भ में था
मैंने सुना था पिता को बताते

विधि माँ को व्यूह तोड़ने की। यदि वह सो न जातीं
विधि-व्यूह से निकलने की भी सुन पाता पिता मुख
से।

भीम — तो चल, तेरे पीछे-पीछे हम भी घुसेंगे व्यूह में
निकालकर लायेंगे तुझको।

वेदव्यास (जारी) — व्यूह-मुख पर द्रोण जयद्रथ को लेकर खड़े हैं
किन्तु हरा कर द्रोण को
व्यूह तोड़ अभिमन्यु भीतर घुस गया है।

पहला सैनिक — लो तोड़ अभिमन्यु ने दिया है व्यूहमुख
भीतर घुस गया वह तो।

दूसरा सैनिक — किन्तु अकेला ही
शेष पाण्डव वीर जयद्रथ से
पराजित हो रहे हैं।

(ध्वनि प्रभाव युद्ध के)

पहला सैनिक — वीर अभिमन्यु अकेला ही
भारी पड़ रहा है

दूसरा सैनिक — महारथी कर्ण तक घबरा उठे हैं।

कर्ण — हे आचार्य द्रोण, यह अभिमन्यु तो अकेला ही
हराता जा रहा हमको

कुछ कीजिये।

द्रोण – कर तो रहा हूँ साधुवाद इस अर्जुन पुत्र का
रथमार्ग पर जिसका धनुष तो देता है दिखाई
किन्तु दसों दिशाओं में छोड़ता बाण वह
रह जाता है स्वयं अदृश्य ही

कर्ण – यह प्रशंसा अभी रहने दें
व्यवस्था करें इसके वध की
अन्यथा आपके इस व्यूह में हम स्वयं ही अमर गति
पायेंगे।

द्रोण – देखो कर्ण!
जब तक धनुष इसके हाथ है
यह मरेगा नहीं
मारकर तुम बाण, पीछे से धनुष दो काट उसका।
घोड़े-सारथी सब मार दो
फिर घेर लो और घेर कर दो मार उसको

(ध्वनि प्रभाव : घोड़ों का हिनहिनाना)

दूसरा सैनिक – घोड़े दिये हैं मार रथ के
वध सारथी का कर दिया है।

पहला सैनिक – अभिमन्यु तलवार लेकर
छह-छह महारथी कौरवों से
लड़ रहा है बस अकेला।

दूसरा सैनिक – द्रोण ने तलवार भी दी तोड़ उसकी।

पहला
सैनिक — और कर्ण ने दी तोड़ उसकी ढाल।
निहत्था हो गया वह।

अभिमन्यु — हे द्रोण!
सेनापति कौरवों के
आचार्य हैं आप पाण्डवों के भी
अपने प्रिय शिष्य के पुत्र पर क्यों कर रहे अन्याय हैं?
और कर्ण!
सुना था बड़े धार्मिक हैं आप
सही है क्या धर्म आपका?
महारथी हैं यदि सचमुच आप सब तो
एक-एक कर लड़ें मुझसे
मैं लड़ूँगा अब इस रथ चक्र से।

(ध्वनि प्रभाव : युद्ध। रथ चक्र टूटना। अभिमन्यु का गिरना)

दूसरा
सैनिक — गिर गया अभिमन्यु है
और पुत्र दुशाःसन का
उठा गदा मार उसको रहा है।

(ध्वनि प्रभाव : सर फूटना)

वीर गति पा गया है कायरों के हाथ।

(विलाप भरा संगीत)

वेदव्यास
(जारी) — पुत्र शोक से संतप्त अर्जुन ने प्रतिज्ञा ली
कि जो पापी जयद्रथ, बना निमित्त मेरे पुत्र के वध का,
उसे यदि सूर्यास्त तक कल मैं न मारूँ,
तो स्वयं मैं जल मरूँगा।
पाकर सूचना इस प्रतिज्ञा की
जयद्रथ को छिपाया द्रोण ने विकटतम व्यूह में अपने।

(ध्वनि प्रभाव : युद्ध के)

सूरज लगा ढलने, किन्तु अर्जुन ले न पाया प्राण जयद्रथ के।
प्रसन्न होता रहा दुर्योधन, कृष्ण खीझ उठे।

कृष्ण — हे अर्जुन! की भयंकर मुर्खता तुमने
जो कर डाली प्रतिज्ञा सामने सबके।
समीप है अवसान दिवस का,
मृत्यु जयद्रथ की मगर अब भी बहुत है दूर
सुन, अब जैसे होगा अंधेरा करता हर्षोल्लास
निकल आएगा जयद्रथ, तुम कुछ सोचना मत,
अपने बाण से शीश उस नीच का धड़ से उड़ा देना।

(अंधेरा होने का प्रभाव...)

दुर्योधन – बाहर अब हो जाओ जयद्रथ, सूरज डूब चुका है
अर्जुन अपनी चिता सजाओ, सूरज डूब चुका है।

(बाण छोड़े जाने का प्रभाव और जयद्रथ की चीख...)

दुर्योधन – हे नर अधम अर्जुन भयंकर पाप यह तूने किया है
देखता नहीं, सूरज ढल चुका है?

कृष्ण – किसने कहा, खुद देख लो सूरज अभी है, क्षितिज पर है।

(हल्की-सी लाल रोशनी होती है)

दुर्योधन – आपने माया रची, धोखा किया।

कृष्ण – धोखा मैंने नहीं, स्वयं तुम्हारी आँखों ने दिया।

वेदव्यास (जारी) – उपजता है अन्याय से अन्याय,
अनीति अनीति को आगे बढ़ाती है
अकुआ गया अधर्म तो वटवृक्ष बन जाता है।
तो अगले दिन सूर्यास्त पर भी थमा नहीं युद्ध
थी अंधेरी रात पर मार-काट चलती रही
भुला दिये गये विध-विधान सारे
भीम के पुत्र भीमकाय राक्षस घटोत्कच ने
माया से हराया कौरवों को।
घबराया दुर्योधन, यों बोला कर्ण से–

आठवाँ सर्ग

दुर्योधन – हे कर्ण! ज्यों-ज्यों बढ़ रही है रात
त्यों-त्यों शक्ति राक्षस की भी बढ़ती जा रही है
अब तो मान लो बात मेरी, छोड़ दो उस पर
वह शक्ति जो इन्द्र से तुमको मिली थी।

कर्ण – यह जिद छोड़ दें राजन!
वह शक्ति तो हमको
अपने सबसे बड़े बैरी अर्जुन पर ही छोड़नी है।

दुर्योधन – जिद तुम कर रहे हो कर्ण!
समझते क्यों नहीं
आज जब जिन्दा रहेंगे तभी तो कल कुछ करेंगे?
अरे, धरी रह जाएगी अमोघ वह शक्ति तुम्हारी
छोड़ दो उसे, छोड़ दो...।

(ध्वनि प्रभाव शक्ति छोड़े जाने का और उसके बाद पहाड़ गिरने तथा लोगों के चीखने–चिल्लाने का)

वेदव्यास (जारी) – छोड़ दी है शक्ति वीर कर्ण ने,
आकाश से पहाड़ जैसा लो घटोत्कच गिर पड़ा है
कौरव सेना को कुचलते

शोकग्रस्त हैं पाण्डव

कृष्ण समझा रहे हैं—

कृष्ण -- मत कहो घटोत्कच मर गया है

समझो कि मरते हुए वह गया है मार उस कर्ण को।

सहारा कर्ण का वह शक्ति ही थी।

वेदव्यास (जारी) — अब उत्साह में भरकर कोंचा दुर्योधन ने गुरुवर द्रोण को

कि दिव्यास्त्र अपने आजमायें पाण्डवों पर

लाचार होना पड़ा तैयार द्रोण को

यद्यपि था निषिद्ध दिव्यास्त्र का प्रयोग।

(ध्वनि प्रभाव दिव्यास्त्र छोड़े जाने से हाहाकार मचने के)

वेदव्यास (जारी) — मच गया हड़कम्प पाण्डव पक्ष में

युधिष्ठिर -- आचार्य के दिव्यास्त्र तो अब हमारा

नाशा करके ही रहेंगे

सच ही कहा था उन्होंने

कि जब तक हाथ में हैं अस्त्र मेरे।

जीत मुझको इन्द्र भी सकता नहीं।

कृष्ण — यह भी तो कहा था उन्होंने क्षुब्ध हो

यदि किसी शोक में होश खो बैठूँ

गिरा हूँ अस्त्र

तब मार तुम मुझको सकोगे।

भीम — हे भ्राताश्री!
द्रोणपुत्र और मालवाराज का हाथी
दोनों ही अश्वत्थामा हैं कहलाते।
मैं गदा से मारकर अश्वत्थामा हाथी को, करूँगा जयघोष
'आश्वत्थामा मारा गया, अश्वत्थामा मारा गया'
सुनकर द्रोण रख देंगे अपने अस्त्र।

अर्जुन — छिः अधम
इस झूठ का हम तो नहीं लेंगे सहारा।

भीम — युधिष्ठिर आप बतलायें।

युधिष्ठिर — जैसा ठीक समझो।

(ध्वनि प्रभाव युद्ध के)

भीम — अश्वत्थामा मारा गया...अश्वत्थामा मारा गया...

द्रोण — यह क्या सुन रहा हूँ मैं?
कठोर कितना मिला यह दण्ड दिव्यास्त्र के प्रयोग का?
हे धर्मपुत्र युधिष्ठिर! हे सत्यवादी!!
तुम ही बताओ
क्या सचमुच मेरा वह पुत्र इकलौता
मारा गया है?

भीम — सोचते क्या राजन! बतायें?
अश्वत्थामा ही तो मारा मैंने?

युधिष्ठिर — अश्वत्थामा मारा गया?
(धीमे से) नर या कुंजर?

(जोर की शंखध्वनि जिसमें युधिष्ठिर का दूसरा वाक्य डूब जाता है)

द्रोण – हा पुत्र!

वेदव्यास (जारी) – शोक से संतप्त द्रोणाचार्य
अस्त्र अपने फेंककर
समाधित्य अब हो गये हैं।
और दृष्टद्युम्न द्रुपद कुमार ने तलवार से अपनी
शीष उनका काट डाला है।
सत्य है कि द्रुपद कुमार जन्मा था
इस वध के लिए ही
किन्तु उससे भी बड़ा यह सत्य है
कि द्रोण को मारा अर्द्धसत्य ने युधिष्ठिर के।
अब कर्ण बना सेनापति
पहली बार कृष्ण अर्जुन को सम्मुख उसके लाये
आर-पार की हुई लड़ाई बराबरी के योद्धाओं में

(ध्वनि प्रभाव युद्ध के...)

अर्जुन – हे कृष्ण! रथ को झुका तुमने बचा
मुझको लिया अन्यथा
कर्ण का यह बाण कण्ठ में धंसता मेरे
किरीट में नहीं।

कृष्ण – मैं सारथी तुमको कुशलता से बचाता ही रहूँगा
कर्ण ही है जो मार सकता है तुम्हें
किन्तु तुम लड़ो पूरे ध्यान से।

वेदव्यास
(जारी) – एकाग्र होकर अर्जुन लड़ा
पड़ने लगा भारी कर्ण पर
तभी पहिया कर्ण के रथ का धरा में धंस गया।

कर्ण – हे अर्जुन धनुर्धर! कृपया रुके रहो तब तक जब तक
मैं पहिये को न लूँ निकाल।
वीरोचित धर्म की यही मांग है, मर्यादा है।

कृष्ण – हे राधेय कर्ण।
जिसका कर रहे स्मरण
उस धर्म को तब क्यों गये थे भूल
जब कहा था द्रौपदी से कि
पाण्डव तो गये हैं हार
किसी और को वर ले पति
जो मारा घेर कर अभिमन्यु को तब कहाँ था
तुम्हारा धर्म वीरोचित?

कर्ण – ठीक है, मैं युद्ध ऐसे ही करता रहूँगा

वेदव्यास
(जारी) – अर्जुन ने फेंका आग्नेयास्त्र
आग लग गयी
कर्ण ने वरुणास्त्र छोड़ा
मूसलाधार वृष्टि हो गयी
दल-दल में धँसे पाण्डव
वायुअस्त्र छोड़ा अर्जुन ने,
बादल छँटे, सूखी धरा।
कर्ण ने छोड़ कर दिव्यास्त्र

अर्जुन को कर दिया अचेत
और स्वयं रथ से कूद
निकालने पहिया लगा रथ का

कृष्ण — सम्भल जा अर्जुन और मार दे अब शत्रु को।

(ध्वनि प्रभाव बाण चलाए जाने का और कर्ण की चीख का)

वेदव्यास
(जारी) — मारा गया जब कर्ण भी तब कृपाचार्य ने कहा
हे राजन दुर्योधन!
अब तो सन्धि ही कर लो
किन्तु दुर्योधन नहीं माना,
बलिहारी बलवती आशा की
बनाकर सेनापति शल्य को सोचा यही
जीत लेंगे पाण्डवों को
किन्तु शल्य उसी दिन गये मारे।
जिधर देखा उधर बस कबन्ध ही दिखे दुर्योधन को।

(विलापभरा संगीत)

दुर्योधन — ग्यारह अक्षौहिणी थी सेना मेरी
राजा हजारों लड़ रहे मेरी ओर से थे
अब केवल मैं ही बचा हूँ और घायल हूँ।
उधर शत्रु के पास अब भी
हजारों रथी, घुड़सवार और दस हजार पैदल बचे

हैं।
उचित यही होगा जल को बाँध मायाजाल से
सरोवर में करूँ विश्राम।

(ध्वनि प्रभाव...पानी में दुर्योधन के छिप जाने का)

वेदव्यास
(जारी) – छिप गया दुर्योधन सरोवर में
किन्तु पता पाण्डवों को चल गया
पहुँचे वहीं और वे।

युधिष्ठिर – अरे वाह दुर्योधन! मरवाकर सभी को
अब चैन से हो सो रहे
छिपकर सरोवर में?

दुर्योधन – प्राण भय से नहीं
थककर के छिपा हूँ।
डूबा हुआ हूँ विषाद के जल में
राज्यश्री थी अभिष्ठ जिसके लिये
वे बंधु मेरे मर चुके हैं
मन कर रहा अब तो वनवास का
हे युधिष्ठिर! इस धरा को तुम्हीं भोगो अब।

युधिष्ठिर – तब पाँच गाँव भी दे न सके
अब जो तुम्हारा है नहीं
उसका दान करते हो?
क्षत्रिय हूँ मैं
लड़कर लूँगा।
तुम सरोवर से जरा बाहर तो होओ।

(ध्वनि प्रभाव जल से निकलने का)

दुर्योधन — ठीक है,
किन्तु क्या मुझ अकेले से सेना सांरी लड़ाओगे?
एक-एक करके लड़ो, फिर देखो।

युधिष्ठिर — तो चलो किसी एक से लड़ लो और
सो भी अपने मनपसंद अस्त्र से
अगर गये तुम जीत तो सारा राज्य दे दूँगा।

कृष्ण — अरे यह क्या कर रहे हो?

दुर्योधन
(खुश होकर) — तो ठीक है। मैं गदा लेकर लडूँगा भीम से।

(ध्वनि प्रभाव गदा-युद्ध के)

भीम — आज बदला मैं चुकाऊँगा
तुझसे हर बात का
और भेजूँगा नरक़
अच्छी तरह यह जान ले।

(गदा-युद्ध की आवाजें)

वेदव्यास
(जारी) — गदा-युद्ध चलता गया थकते गये दोनों
अस्त्र-कौशल दुर्योधन का पड़ने लगा भारी
बाहुबल पर भीम के।

कृष्ण — हे अर्जुन!
सारा राज्य इस एकल युद्ध पर लगाकर दांव
युधिष्ठिर ने जुआ भयंकर खेल डाला है।

पिछले जुए के बाद भीम ने की थी प्रतिज्ञा
कि जिस जाँघ पर दुर्योधन बिठाना द्रौपदी को चाहता है
मैं उसी को तोड़ दूँगा युद्ध में एक दिन।
भले ही नियम-विरुद्ध है वह प्रहार लेकिन
प्रतिज्ञा-पूर्ति भी तो धर्म है।

वेदव्यास (जारी) – अर्जुन ने समझकर बात ठोकी ताल
पाकर इशारा भीम ने
दी तोड़ जंघा शत्रु की।
गिर पड़ा दुर्योधन
मुकुट को लात मारी भीम ने
विजयी पाण्डव पहुँचे फिर कौरव शिविर में।
अधिकार उस पर किया
अनन्तर कृष्ण के अनुरोध पर
उस रात निकट ही रुक गये नदी के तीर।
उधर बचे तीन कौरव वीर।
अश्वत्थामा, कृतवर्मा, कृपाचार्य पहुँचे वहाँ
मृतप्राय दुर्योधन पड़ा था जहाँ।

दुर्योधन – बड़ा बल मिल रहा है
देख जीवित आपको
मुझे तो वह परमपापी भीम
कर गदा से वार जंघा पर
गिरा छल से गया है मौत के मुँह में।

अश्वत्थामा – हे राजन!

छल से ही मारा है पाण्डवों ने
पितामह भीष्म को
मेरे पिता और कर्ण को।
अनुमति मिले यदि राजन
तो सौगन्ध मुझको
अपने किये हर पुण्य की,
कि इस रात ही विनाश पाण्डव पक्ष का मैं कर दिखाऊँगा।

दुर्योधन – हे कृपाचार्य!
पद पर सेनापति के अभिषेक इस वीर का कर दें अभी।

कृपाचार्य – जो आज्ञा!
मुझ मामा की भी सुनो कुछ बात
किन्तु अश्वत्थामा!
कल लड़ेंगे
इस रात विश्राम कर लो।

अश्वत्थामा – मैं दुखी हूँ,
क्रुद्ध हूँ
चिन्ताजनित हूँ
किस तरह बदला चुकाऊँ पिता के वध का
तय किया है
आज ही की रात पूरा करूँगा
संहार पूरे शत्रु दल का।

कृपाचार्य – सोये हुए शत्रु का संहार भयंकर पाप है
पुण्य की सौगन्ध लेकर काम तुम ऐसा करोगे?

अश्वत्थामा – हे तात!

मर्यादा और धर्म की मत करें अब बात
इस धर्मक्षेत्र, कुरूक्षेत्र में, प्राण धर्म ने उस दिन ही
दिये थे त्याग
जिस दिन सत्य से मुँह मोड़
धर्मपुत्र युधिष्ठिर ने मृत घोषित मुझको किया था।
तो करें अभिषेक मेरा
और चलें मेरे साथ।

वेदव्यास
(जारी) – तो उसी घोर रात्रि में अश्वत्थामा
घुस गया पाण्डव शिविर में काल बनकर

(अंधेरा हो जाता है और चीत्कार सुनाई पड़ती हैं)

बलि होते योद्धाओं की चीत्कार
अंधकार से उठता रहा
नहाता रहा अश्वत्थामा खून से।
पाण्डवों के पुत्र मारे गये सारे
मारे गये सारे रिश्तेदार भी

(संगीत ध्वनि प्रभाव)

अश्वत्थामा – हे राजन दुर्योधन!

यदि आप में हो शेष थोड़ा चेत
तो शुभसूचना यह सुनें
यदि आपकी ओर से अब
हम बस तीन ही बचे हैं

पाण्डवों की ओर से भी बचे हैं कुल सात
पाँच तो वे भाई, श्रीकृष्ण और सात्यकी।
शेष सब हमने दिये हैं मार।

दुर्योधन – (कराहकर) यही सुनने के लिये अटके हुए थे प्राण
जो कर न सका कोई
वह काम तुमने कर दिखाया।
तुम्हारा भला हो।

वेदव्यास (जारी) – भला हुआ है किसी का भला
सिलसिला अधर्म का छेड़कर?
हार तो होती ही है हार
जीत भी हार-जैसी बन गयी कुरुक्षेत्र में।
पुत्रशोक में डूबी द्रौपदी माँगने लगी प्रतिशोध

द्रौपदी – जो मणि जन्म से नीच अश्वत्थामा के माथे पर है लगी
उसे अपने मुकुट पर लगाओ
अन्यथा मैं प्राण दे दूँगी।

वेदव्यास (जारी) – छोड़ ब्रह्मास्त्र अश्वत्थामा ने दिया
उधर अर्जुन ने भी।
मैंने कहा लौटा लो ब्रह्मास्त्र
पृथ्वी का सर्वनाश हो जाएगा इनसे।
व्रतधारी अर्जुन लौटा सका अपना ब्रह्मास्त्र
किन्तु अश्वत्थामा चाहकर भी नहीं।

फिर केन्द्रित उसने कर दिया उसे उत्तरा के गर्भ पर
जहाँ अभिमन्यु-पुत्र पल रहा था
मणि भी उसने स्वयं ही दे दी पाण्डवों को।
कृष्ण बोले,

कृष्ण – उत्तरा के पुत्र में तो प्राण मैं फिर डाल दूँगा
किन्तु तुमको दे रहा हूँ श्राप
पीब और लहू की गन्ध से तुम भर जाओगे सदा-सदा के लिए
हजारों वर्ष तक अकेले और भटकते ही रहोगे इस धरा पर।

वेदव्यास (जारी) – श्राप, विलाप, पश्चाताप इनसे ही फिर गूँजने लगा कुरुक्षेत्र।

(ध्वनि प्रभाव। स्त्रियों का विलाप)

वेदव्यास (जारी) – धर्म का क्षेत्र शवों का क्षेत्र बन गया।
स्त्रियाँ दोनों पक्षों की ढूँढ़ती हैं
अपने पतियों, पिताओं और पुत्रों को।
फड़फड़ाते गिद्धों से बचती-बचाती
रोती ही चली जाती है गांधारी
दिखाकर कृष्ण को यह दृश्य कहती जा रही है—

गाँधारी – हे कृष्ण!
जानती हूँ मैं कि इस विनाश की जड़ में
कौरव-पाण्डवों की फूट है,

किन्तु यह भी पहचानती हूँ
कि तुममें थी सामर्थ्य
दोनों ही को समझाने-दबाने की
किन्तु तुमने विनाश यह होने दिया
इसलिए मैं श्राप तुमको दे रही हूँ
जिस तरह भरतवंश की ये स्त्रियाँ कर रही हैं विलाप
उसी तरह स्त्रियाँ तुम्हारे कुटुम्ब की विलाप करेंगी एक दिन।

कृष्ण — आपका यह श्राप सिर माथे ले रहा हूँ मैं।

वेदव्यास (जारी) — प्रभु तक बच न पाये श्राप से
और धर्मपुत्र युधिष्ठिर तक दग्ध हो गये पूरी तरह पश्चाताप से
जब मृतकों को जलांजलि देते समय उन्हें
कुन्ती ने बताया

कुन्ती — हे युधिष्ठिर!
तर्पण करो तुम कर्ण का भी
सूर्य के बीज से पैदा हुआ ज्येष्ठ पुत्र था वह मेरा
और तुम सबका बड़ा भाई।

युधिष्ठिर — पहले क्यों नहीं कहा माता
पहले कहा होता तो क्योंकर हुआ होता
कुरुवंश का संहार इस कुरुक्षेत्र में?

वेदव्यास (जारी) — विषाद में डूब गये युधिष्ठिर

बात करने लगे वनवास की
सभी ने बहुत समझाया तब जाकर सम्भाला राजकाज,
उन्होंने
युग के अन्त का आरम्भ था वह
द्वापर हो रहा था अन्त
छाया पड़ने लगी थी आते हुए कलियुग की सब
पर।
मैं वेदव्यास, रचयिता महाभारत का
यहाँ इस कुरुक्षेत्र में सबसे यही कहता रहा हूँ
सदा रहो शरण में प्रभु की
गीता सुनो ही नहीं, समझो भी।
कर्म करो बिना फल की चिन्ता किये
अर्थ, काम और गार्हस्थ्य से
अपने निश्चित कर्तव्य से
मुँह न मोड़ो।
कर्मभूमि हैं यह लोक
फलभूमि तो परलोक है
जैसा कर्म वैसा लाभ
जैसा करोगे, वैसा भरोगे
सारे शास्त्र का सार है यही
और सब प्रकार से अपने आप को वश में सदा
रखना
अमृत जीवन का द्वार है यही।
सबसे रहस्यमय ज्ञान यही है कि
मनुष्य और मनुष्यता से

श्रेष्ठतर कुछ भी नहीं है।
मैं वेदव्यास, इस कुरुक्षेत्र में दोनों बाहें उठाए
तब से यही देता रहा हूँ सीख, कि–
धर्म से मोक्ष ही नहीं, अर्थ और काम भी होते हैं
सिद्ध
इसलिए सदा सेवन करो धर्म का ही
किसी भय से, कामना से, लोभ से
और तो और प्राण रक्षा के लिए भी
त्याग धर्म का करो मत तुम।
धर्म ही है नित्य
सुख-दुःख तो अनित्य हैं।
हमारी जीवात्मा है नित्य
अनित्य है देह
अनित्य बंधन सांसारिक हैं।

□□□